Michael Fell

Süddeutsche Zeitung Edition

Bibliothek der Köche

Michael Fell

Text: Ingo Swoboda
Fotografie: Bernd Grundmann

Süddeutsche Zeitung Edition

Bibliothek der Köche

Sylt

Rostock-Warnemünde

Hamburg

Osnabrück

Hameln

Leipzig

Köln Bergisch Gladbach

Frankfurt am Main

Stromberg Mainz Bayreuth

Naurath/Wald

Nürnberg

Zweibrücken

Herxheim

Stuttgart

München

Tegernsee

OBERBAYERN

Berlin

DIE BIBLIOTHEK DER KÖCHE

INHALT

INHALT

INHALT

INHALT

*Laue Abendstunden
am Tegernsee:
Das Restaurantschiff gehört
zum gastronomischen
Konzept der „Villa am See"*

Koch und Gastgeber am Tegernsee

Wer träumt nicht von einer Villa am See, fernab des Alltags und unerreichbar für die Hektik der Großstadt, von einem erholsamen Refugium inmitten einer Bilderbuchlandschaft mit Blick auf das Wasser, in dem sich die Sonne spiegelt und die Segelboote lautlos ihre Bahnen ziehen. Michael Fell hat sich diesen Traum verwirklicht, und auch wenn er in der „Villa am See" seinen Arbeitsplatz hat, ist es doch einer der schönsten, den er sich vorstellen kann. Michael Fell ist in der „Villa am See" Koch und Hotelier in einer Person, ein Gastgeber par excellence, der mit seiner natürlichen und offenen Herzlichkeit ganz im Dienst seiner Gäste steht und gemeinsam mit seiner Frau Edeltraud und seinem Team einen neuen gastlichen und vor allem genussreichen Ort am Tegernsee zum Leben erweckt hat. Die „Villa am See" ist seine neue Heimat, ein mediterran anmutendes Refugium für die Sinne, in dessen Mittelpunkt die Gastronomie und damit die Kochkunst von Michael Fell steht. Schließlich gehört der in Bad Cannstatt bei Stuttgart geborene Schwabe zu den besten Köchen Deutschlands.

Schwäbische Kochträume

Mit dem Kochen hat er schon als Kind angefangen. Da Vater und Mutter berufstätig sind, schwingt der junge Michael nach der Schule an der Seite seiner Oma in der elterlichen Küche den Kochlöffel und bereitet sich das zu,

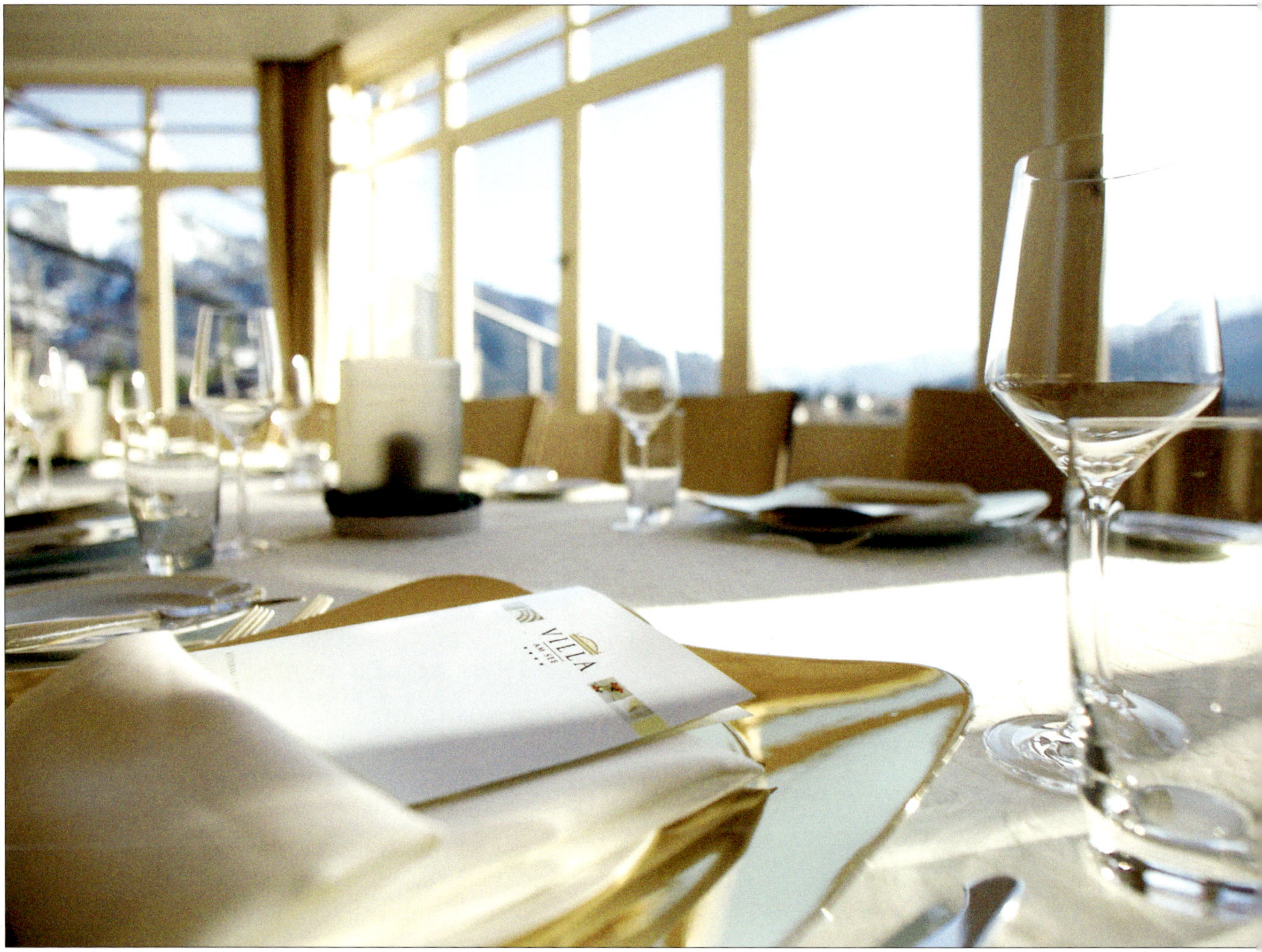

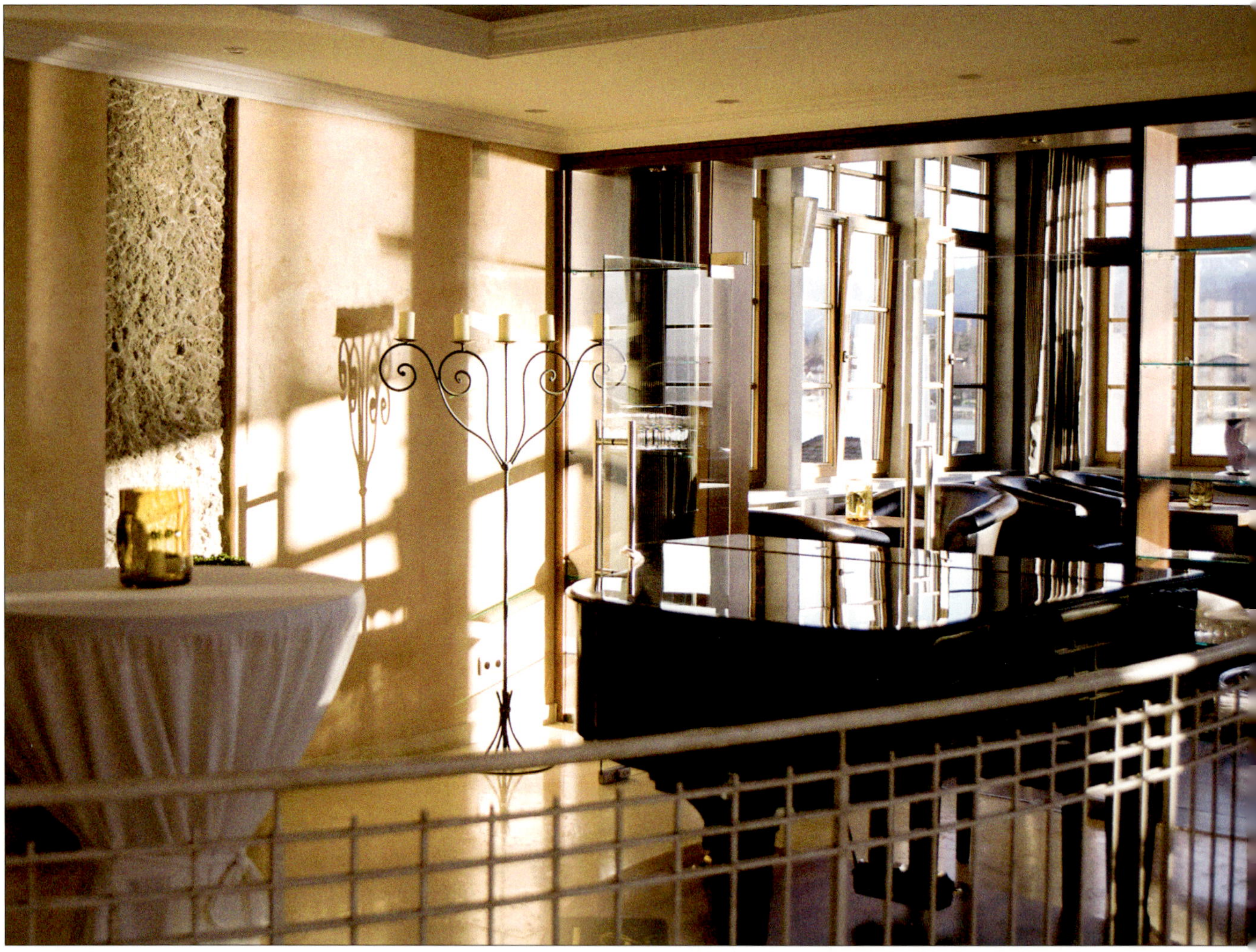

was er zu dieser Zeit am liebsten mochte: Nudeln mit Fleisch-Tomatensauce und selbst gemachte Pommes. Erste einfache Schritte in die Welt am Herd, aber letztendlich die Initialzündung für seinen Berufswunsch. Im Alter von zehn Jahren beschließt Michael Fell Koch zu werden, absolviert zunächst ein Schnupperpraktikum in einem nahen Landgasthof, findet Gefallen an der handwerklichen Arbeit in der Küche und bessert ab da immer mal wieder am Wochenende und in den Ferien sein Taschengeld in der Gastronomie auf. Die erworbenen Grundkenntnisse helfen ihm bei der Suche nach einer Lehrstelle, im „La Toscana" in Fellbach bei Stuttgart beginnt Michael Fells Weg in die Restaurant-Welt. Der Patron ist Elsässer, alle ausgelernten Köche sind Franzosen, nur die Lehrlinge kommen aus Deutschland. Eine deutsch-französische Küchenbrigade mit Gourmet-Ambitionen, die vollen Einsatz fordern und an den Kräften zerren. Die Lehre ist kein Zuckerschlecken, Spülen und Putzen gehören für die Lehrlinge zum täglichen Standardprogramm,

bleibt kaum noch, der talentierte Fußballer, der es bis in die Jugendauswahl des VfB Stuttgart schafft, findet kaum mehr Muse für seinen Sport, der ihm immer ein willkommener Ausgleich war. Für den lebensfrohen Fell ein Teufelskreis, aus dem es scheinbar kein Entrinnen gibt, auch die Eltern bestärken ihren Sohn, den eingeschlagenen Weg weiterzugehen und die Härten der Lehre

Ort der Regeneration und des Genusses: die „Villa am See" ist ein Domizil des guten Geschmacks mit Blick auf den Tegernsee

dazwischen gibt es kulinarische Lektionen und das Einmaleins der guten Küche vom Chef, der auch als Dozent an der Hotelfachschule in Straßburg tätig ist. Michael Fells anfängliche Euphorie schmilzt nach und nach zwischen dampfenden Töpfen und brutzelnden Pfannen. Der harten und langen Arbeit in der Küche steht nur wenig Freizeit gegenüber und Michael Fell fängt an zu zweifeln, ob er mit seinem Beruf die richtige Wahl getroffen hat. Zeit für Freunde oder Hobby

durchzustehen. Fell beißt sich durch, entwickelt einen gesunden Ehrgeiz und die Einsicht, dass die gesamte Kochkunst auf einer soliden Basis und einem festen Fundament an handwerklichem Können ruht, gibt dem jungen Koch genügend Antrieb, den ersten Schritt in die Kochwelt mit Bravour zu absolvieren. Nach der Lehre verschlägt es den jungen Koch ins Gourmet-Restaurant des Kurhauses in Baden-Baden, es ist gleichzeitig der Abschied vom Elternhaus, Michael Fell zieht in die renommierte Kurstadt und steht nun ganz auf eigenen Füßen. Die Stimmung in der kleinen Küchencrew ist gut, gekocht wird klassisch französisch, die berühmten Vorbilder sitzen nur wenige Kilometer entfernt im nahen Frankreich. Dessen Köche gelten zu dieser Zeit noch als Schrittmacher in der Gourmet-Küche, große Namen beeinflussen mit ihrem Stil auch den deutschen Nachwuchs in den ambitionierten Restaurant-Küchen der Republik. Michael Fell entdeckt in Baden-Baden seine Passion für die „Haute Cuisine à la française", erkennt in den Kreationen die unbedingte Konzentration auf das Produkt, vor allem die kreative, aber niemals übertrieben verspielte Zubereitung von Fisch und Meeresfrüchten prägen nach und nach seine Handschrift. Die würde er gerne in Frankreich noch weiter verfeinern und träumt von einem Engagement in der Küche von

Alain Chapel, einem der ganz großen Kochstars in Frankreich, der mit seinem Können aus einem Dorfbistro eine Pilgerstätte des guten Geschmacks gemacht hat und bei dem auch Alain Ducasse sein Handwerk erlernte. Der Kontakt zum Meister ist gemacht, doch noch bevor Michael Fell zum Vorstellungsgespräch nach Mionnay reisen kann, stirbt Chapel unerwartet und der französische Kochtraum von Fell platzt. Da kommt die Einberufung zur Bundeswehr als willkommene Auszeit von der 6-Tage-Woche am Herd, Michael Fell nutzt die Chance, um nach Jahren am Herd eine völlig andere Welt kennen zu lernen und vom Kochen etwas Abstand zu gewinnen. Das Angebot, als Koch im Offizierscasino zu arbeiten, schlägt er aus und landet bei der Feldartillerie. Neben dem streng geregelten Kasernen-Dienst bleibt jetzt wieder mehr Zeit für Sport, Michael Fell findet hier den lang ersehnten Ausgleich für Körper und Seele, den ihm die Arbeit am Herd nicht erlaubte.

Servus München

Nach seiner Bundeswehrzeit verschlägt es Michael Fell nach München, gemeinsam mit seinem Vater fährt er zum Vorstellungsgespräch in die bayerische Landeshauptstadt. Im renommierten Hotel „Königshof" der Familie Geisel soll er eine Stelle als Commis antreten und hier beginnt Fells Liebe zu Bayern, die ihn nie mehr loslassen wird und der er bis heute treu geblieben ist, ohne jedoch seine Wurzeln zu verleugnen. Als Schwabe in Bayern, die anfänglichen Verständigungsschwierigkeiten lösen sich schnell auf und Michael Fell lernt Land und Leute schätzen und

Alle Mann an Bord: Michael Fell und sein Team sorgen für frischen kulinarischen Wind am Tegernsee

lieben. Die Zeit in der von den Restaurant-Führern hoch bewerteten Küche des Königshofes wird für Michael Fell noch einmal eine wichtige Lehrzeit, die seine Leidenschaft für den Beruf und seine Kreativität in der Zubereitung und im Arrangement der Gerichte fordert und fördert. Fell übernimmt schnell Verantwortung am Herd und zeigt vor allem sein Können im Umgang mit Fischen und Meerestieren, was auch den kritischen Restaurant-Testern nicht verborgen bleibt. Vergessen sind jetzt die Zweifel am Beruf, die partnerschaftliche Kompetenz der Familie Geisel und das freundliche Miteinander im „Königshof" wirken wie ein Befreiungsschlag und Michael Fell gewinnt an Sicherheit und Selbstbewusstsein. Die Stimmung im Team ist gut und aus Kollegen werden Freunde, die sich gemeinsam die Freizeit im Englischen Garten vertreiben.

Im Olymp der Kochkunst

Die Münchner Gourmet-Szene wird in diesen Jahren von einem charismatischen Mann beherrscht, der deutsche Kochgeschichte schreiben wird und zu einem der besten Köche aller Zeiten avanciert. Eckart Witzigmanns kometenhafter Aufstieg beginnt bereits 1971 im Münchner Restaurant „Tantris", acht Jahre später erhält er als erster deutschsprachiger Koch die begehrten drei Sterne des Guide Michelin für sein Restaurant „Aubergine", das er nur ein Jahr zuvor eröffnet hatte. Für Michael Fell ist das „Aubergine" das nächste Ziel seiner Karriere-Pläne und er bekommt die Chance, sich beim Meister vorzustellen. Mit zitternden Knien und einer gehörigen Portion Respekt sitzt er dem Jahrhundertkoch

MICHAEL FELL

beim Vorstellungsgespräch gegenüber und wird engagiert. Witzigmanns Aura, sein unbedingter Wille, aus allem das Beste herauszuholen, und sein sicheres Gespür für geniale Geschmacks-Arrangements beeindrucken Michael Fell. Witzigmann verlangt von seinen Köchen nicht nur unbedingte Disziplin und die Beherrschung des Handwerks, sondern auch Respekt vor dem Produkt und leidenschaftliche Hingabe zum Beruf. Nicht alle werden den hohen Anforderungen des Ausnahmekochs gerecht, doch Michael Fell besteht in der Küche des Meisters, ist wissbegierig und neugierig, saugt jeden Kniff des Meisters auf und profitiert von der außergewöhnlichen Koch-Qualität Witzigmanns und der Ästhetik, mit der er seine Kreationen behandelt. Als er den Posten des Sauciers bekommt, ist das wie ein Ritterschlag des genialen Witzigmanns, gleichzeitig auch eine besondere Herausforderung, die Michael Fell zwar einige schlaflose Nächte kostet, die er aber mit Bravour besteht. Die Zeit in der Küche des Restaurants „Aubergine" hat Michael Fell nachhaltig geprägt, hat seinen Sinn für die Möglichkeiten der Natur und die davon abhängige Produktqualität sensibilisiert und geschärft und seine Idee angestoßen, bei aller Kreativität die Basis nicht in Spielereien zu verschütten und auf dem Boden der geschmackliche Tatsachen zu bleiben. Von Eckart Witzigmann wechselt Michael Fell zu Otto Koch ins „Le Gourmet". Koch ist einer der Mitbegründer des deutschen Kochwunders, sein freundlicher Charakter und seine menschliche Art im Umgang mit seinen Eleven haben ihn zu einem Grandseigneur der deutschen Kochszene gemacht. Auch Michael Fell ist beeindruckt von Kochs Ausstrahlung und seiner entspannten Souveränität am Herd, die keine Hektik aufkommen lässt. Unter

Kochs Regie wird bayerisch orientiert gekocht, Kreationen wie Weißwurst von Meeresfrüchten, Lammknödel und Hahnenkämme gehören zu den Klassikern des Gourmet-Restaurants. Doch nicht nur von dem kulinarischen Ideenreichtum profitieren die Köche, Otto Kochs ruhige Art und seine Gedanken über das Leben wirken sich positiv auf die Entwicklung von Michael Fell aus und festigen seine Persönlichkeit, geben ihm Sicherheit im Beruf und eine freundliche Entspanntheit mit, die Michael Fell heute auszeichnen. Otto Koch wird zu einem wichtigen Mentor von Michael Fell und fördert seinen weiteren Berufsweg, denn er erkannte das Potenzial, das den Schwaben zu einem der Besten seiner Zunft machen kann.

Am Tegernsee angekommen

Voller Selbstbewusstsein und ausgestattet mit den besten Referenzen wagt Michael Fell den Schritt in die Selbständigkeit und übernimmt in Rottach am Tegernsee das ehemalige Restaurant „La Cuisine". Unter dem neuem Namen „Oberland" will er hoch motiviert sein Können zeigen und alle Zeichen stehen auf Erfolg. Doch so einfach, wie es sich Michael Fell vorgestellt hat, wird es nicht. Dem neuen Restaurant bleiben die Gäste aus, die wenigen aber, die kommen, sind von Fells Küche begeistert. Es werden harte und lehrreiche Zeiten in der Selbständigkeit, die Michael Fell und seiner Familie viel abverlangen, er arbeitet am Limit und dennoch bleibt der ersehnte wirtschaftliche Erfolg letztendlich aus. Frust und Zweifel machen sich breit, doch Michael Fell behält bei allen Rückschlägen den Kopf über Wasser und hat letztendlich das Glück des Tüchtigen. Als Klaus

MICHAEL FELL

*Michael Fell bietet eine
französisch inspirierte Küche, ergänzt
und verfeinert mit eigenen Ideen*

MICHAEL FELL

Oechsner Graf von Moltke 1992 die „Egerner Höfe" eröffnet, bekommt Fell das Angebot, die Gastronomie zu übernehmen. Fell schlägt ein und wechselt in das Parkhotel in Tegernsee. Der Erfolg kommt zwar nicht über Nacht, doch nach und nach etabliert sich Michael Fells Küche in der Region und das Gourmet-Restaurant „Dichterstubn" wird zum Aushängeschild des Hotels. Fell entdeckt seine Leidenschaft fürs Kochen neu und verfeinert seinen Kochstil, auch die Bewertungen in den einschlägigen Gastronomieführern zeigen nach oben und Michael Fell erkocht sich seinen ersten Stern im Guide Michelin. 15 Jahre bleibt er den „Egerner Höfen" treu, denen er viel zu verdanken hat und die ihm eine neue Stabilität gegeben haben. Der Drang, noch einmal etwas Neues zu machen, noch einmal durchzustarten, bekommt eine einmalige Chance, als Michael Fell

die neu konzipierte und neu gestaltete „Villa am See" angeboten wird. Der Abschied aus den „Egerner Höfen" fällt ihm nicht leicht und Michael Fell überlegt lange, ob er noch einmal einen Neustart wagen soll. Im April 2008 eröffnet Michael Fell die „Villa am See", ein Refugium der Sinne, das seiner Rolle als Koch und Gastgeber eine schicke Bühne gibt, auf der er seine bemerkenswerte Kochkunst präsentieren kann.

Akzente in klassische Gerichte setzen, ohne dabei die geradlinige Stilistik und das Essentielle des Produktes aus den Augen zu verlieren

Bayerische Bilderbuchlandschaft

Er ist einer der bayerischsten Seen, eingebettet in das Tegernseer Tal mit seinen saftigen Wiesen und umrahmt von einer imposanten Bergkulisse, der trotz des Trubels an seinen Ufern eine ansteckende Ruhe ausstrahlt und Einheimische wie Gäste zu allen Jahreszeiten immer wieder begeistert. Nur knapp fünfzig Kilometer südlich von München entfernt, ist der Tegernsee, einer der saubersten bayerischen Gewässer mit Trinkwasser-Qualität, nicht nur Naherholungsgebiet und Ausflugsziel für gestresste Großstädter, sondern auch ein gutes Stück bayerischer Gastlichkeit und Lebensart. Die Ferienregion Tegernsee zählt zu den renommiertesten Erholungsgebieten in Deutschland, rund um den herrlich klaren See mit seiner faszinierenden Bergwelt gibt es viele Möglichkeiten, um zu genießen, abzuschalten und Kraft zu tanken.

Ein Ort der Regeneration und des Genusses liegt an der Uferstraße zwischen Tegernsee und Rottach-Egern, die „Villa am See" ist ein Domizil des guten Geschmacks, und das gleich in vielen Facetten. Denn die Villa ist ein Refugium, das alle Sinne anspricht, im mediterranen Ambiente des geschmackvollen Interieurs sind nicht nur elegant und liebevoll eingerichtete Zimmer, Suiten und Appartements untergebracht. Mittelpunkt des Hauses ist das Gourmet-Restaurant von Michael Fell, der hier seine französisch inspirierte Küche anbietet, immer bereichert, ergänzt und verfeinert mit eigenen Ideen, eine Küche, die bemerkenswerte Akzente in klassische Gerichte setzt, ohne dabei die geradlinige Stilistik und das Essentielle des Produktes aus den Augen zu verlieren. Michael Fell beherrscht den Stil klassischer französischer Kochkunst, ist gleichzeitig ein aufgeschlossener Koch, der regionale Anklänge in seinen Kreationen genauso schätzt wie spielerische Geschmackselemente, die seinen Gerichten einen schmeckbaren eleganten Feinschliff geben. Die Speisekarte gibt eine Vorstellung von Fells Können, verschiedene Produkte nicht nur harmonisch zusammenzufügen, sondern im passenden Arrangement

ihre geschmacklich markanten und individuellen Charaktere zu erhalten. Gerolltes Zanderfilet auf mariniertem Rettich in tomatisiertem Räucherfond mit Pfefferbeißer, Junger Kohlrabi mit Gamberoni, Tomaten und Zitronenthymian-Schinkenstaub, Saiblingsfilet und Rilette mit Senfmousseline, Radieschen und Löwenzahn oder Spaghetti Carbonara mit Mittelstück vom Kabeljau, Michael Fell ist ein Kochkünstler mit Bodenhaftung, ein gebürtiger Schwabe mit unüberhörbaren bayerischen Zwischentönen, der in sympathischer Bescheidenheit Meisterkoch und Gastgeber gleichermaßen verkörpert und in der „Villa am See" auch seine kulinarische Vielfältigkeit unter Beweis stellt. Denn neben seinen Krea-

Bayerische Bilderbuchlandschaft, die der bayerische König Max Joseph I. zu seiner Sommerfrische auserkor

tionen im Gourmet-Restaurant offeriert Michael Fell in der „Brasserie" in der „Villa am See" auch das, was der Bayer „Schmankerl" nennt und was zur zünftigen Brotzeit oder Vesper in Bayern gehört. Le-

gendär ist sein Tegernseer Schnitzel, dazu kommen hausgemachte Pasta und kalte und warme Spezialitäten aus der Region, selbstverständlich begleitet von frischem bayerischem Bier. Bei allen Genüssen, die Fell und sein Team ihren Gästen anbieten, ist der einzigartige Blick auf den Tegernsee inklusive.

Königliche Sommerfrische

Die Schönheit der bayerischen Voralpenlandschaft und des Sees, dessen Ufer fast vollständig öffentlich zugänglich sind, ist seit rund 200 Jahren Anziehungspunkt für Touristen aus aller Welt. Vor allem aber die Bayern haben ihren Tegernsee als Refugium der Erholung entdeckt. Es war der bayerische König Max Joseph I. selbst, der das Tegernseer Tal und den See zu seiner Sommerfrische auserkor, eine touristische Initialzündung, der die Münchner Hofgesellschaft gerne folgte und den See und seine anliegenden Gemeinden zum Treffpunkt des europäischen Adels machte. Sein Domizil nahm der bayerische Regent damals in den Gebäuden des säkularisierten Benediktinerklosters Tegernsee und richtete hier seine Sommerresidenz ein. Die Geschichte der Anlage reicht weit zurück, bereits um die Mitte des 8. Jahrhunderts gründeten die adligen Brüder Adalbert und Ottokar am Ostufer des Tegernsees ein Kloster, zu dem der ganze Tegernseer Winkel, dazu Güter bei Freising und Ro-

T E G E R N S E E

senheim sowie Salzpfannen in Reichenhall ge-
hörten. Vieles kam im Laufe der Jahrhunderte
durch Schenkungen und Kauf dazu, darunter
Weingüter in Südtirol und in der Wachau, und
die Mönchsgemeinschaft wurde zu einem der
reichsten Klöster im Reich. In den Wirren der Geschichte erlebte das Tegernseer Kloster Höhen
und Tiefen, um die Jahrtausendwende galt die

gerliche geöffnet, nachdem es zuvor lange ein rein
adliges Stift gewesen war. Kloster und Kirche
wurden neu gebaut, im Jahre 1476 war die mit 26
Altären ausgestattete große dreischiffige Basilika
vollendet, die bis heute den baulichen Kern der
Klosterkirche bildet.

Nach dem Dreißigjährigen Krieg wurde das
Kloster umgestaltet und mit barocker Pracht ge-
schmückt. Italienische Künstler
schufen die üppige weiße Stucka-
tur in der Klosterkirche und
Hans Georg Asam malte in sechs
Sommern einen der ersten und
größten barocken Freskenzyklen
Bayerns mit Darstellungen aus
dem Leben Jesu und des heiligen
Quirinus. Neben seiner Rolle als
geistliches Zentrum erlangte das
Kloster auch zunehmend wirtschaftliche Bedeutung für die
Region, vergab als Grundherr
viele Bauernhöfe zu Lehen, regel-
te Waldnutzung, Jagd und Land-
wirtschaft, unterhielt neben Stal-
lungen und Vorratslager eine

Abtei vor allem durch ihre Schreib- und Malschu-
le als bedeutendes Zentrum der sakralen Kunst.
Die hinterlassenen Abschriften antiker Klassiker
und die Sammlung selbst verfasster lateinischer
Gedichte und Briefe geben einen ungewöhnlich
genauen Einblick in den mittelalterlichen Kloster-
alltag, zahlreiche Tegernseer Handschriften gehören heute zu den Kostbarkeiten der Bayerischen
Staatsbibliothek. Als Anfang des 15. Jahrhunderts
die Reform des Ordenslebens eingeleitet wurde,
die im Kloster Melk ihren Ausgang genommen
hatte, wurde die Tegernseer Abtei auch für Bür-

eigene Buchdruckerei und, als besonders wichtige
Einnahmequelle, die Klosterbrauerei. Im Jahre
1746 feierte das Kloster Tegernsee sein tausendjäh-
riges Bestehen mit allem Glanz, den ein barockes
Kloster damals aufbieten konnte. Nur wenige Jahr-
zehnte später verschwand das Leben aus den Klos-
termauern, im Zuge der Säkularisation wurde die
Tegernseer Benediktinerabtei aufgehoben und das
Klostervermögen eingezogen. Die wichtigsten
Kunstwerke und ein Teil der über 40.000 Bände
umfassenden Bibliothek kamen in die staatlichen
Sammlungen, ein Teil des riesigen Klosterkom-

plexes wurde zum Abriss verkauft. Das weitere Schicksal des Tegernseer Klosters ist eng mit dem bayerischen König Max I. Joseph und seiner Familie verknüpft und klingt wie ein Märchen. Auf einem Ausflug ins Tegernseer Tal verliebte sich Königin Caroline in die Reste des alten Klosters, der König kaufte daraufhin 1817 die Anlage auf seine Privatrechnung und ließ das ehemalige Kloster zu seiner königlichen Sommerresidenz umgestalten. Aus dem Benediktiner-Kloster wurde ein komfortables Schloss fernab der königlichen Residenz in München. Der bayerischen Regentenfamilie in die Sommerfrische folgten gekrönte Häupter, Adelige und Künstler und es begann damit der Fremdenverkehr, dem das Tal und der See bis heute einen Großteil seines Wohlstands verdanken. Heute ist die Anlage in weiten Teilen für die Öffentlichkeit zugänglich. Die ehemalige Klosterkirche dient seit der Säkularisation als Pfarrkirche, in einem Teil des königlichen Schlosses ist das Gymnasium Tegernsee untergebracht, dazu sorgt ganz im Sinne bayerischer Gastlichkeit das weit über die Grenzen bekannte „Herzoglich Bayerische Brauhaus Tegernsee" für das leibliche Wohl der zahlreichen Besucher.

Rottach-Egern

Eng verbunden mit dem Kloster Tegernsee ist auch die Gemeinde Rottach-Egern, ein ehemaliges Fischer- und Bauerndorf, das dem Klostergericht Tegernsee unterstand. Heute ist Rottach-Egern, das im Jahre 1976 als heilklimatischer

Er ist einer der bayerischsten Seen, eingebettet in das Tegernseer Tal mit seinen saftigen Wiesen und umrahmt von einer imposanten Bergkulisse

TEGERNSEE

Kurort anerkannt wurde, die größte Gemeinde am Tegernsee. Berühmte Persönlichkeiten wie die Dichter Ludwig Thoma und Ludwig Ganghofer, der Kammersänger Leo Slezak, die Schriftsteller Heinrich und Alexander Spoerl und Hedwig Courths-Maler und der Maler Olaf Gulbransson haben hier am Südufer des Tegernsees Erholung gesucht und gefunden. Ein besonderer Anziehungspunkt ist bis heute die Egerner Bucht mit Blick auf die kleine Dorfkirche, den glitzernden Tegernsee und dem mächtigen Wallberg im Hintergrund. Der so genannte Malerwinkel ist eine Postkartenidylle, die kein Besucher des Tegernsees verpassen sollte. Nach so viel Panorama bietet sich ein Schaufensterbummel auf der belebten Flaniermeile des kleinen Ortes an, eine zünftige Einkehr in einer der vielen Gastwirtschaften oder eine Rundfahrt mit den kleinen Ausflugsdampfern, vorbei an dem renommierten Kurort Bad Wiessee bis nach Gmund, einem kleinen beschaulichen Ort am Eingang zum Tegernseer Tal.

Ein ganz besonderes Ereignis in Rottach-Egern ist der Rosstag Ende August, wenn unter dem Motto „d'Fuhrleut kemman z'amm" alte Fuhrmanns-Herrlichkeit lebendig wird. Im Mittelpunkt der Veranstaltung stehen historische Prachtkutschen, Chaisen, Landauer und die ganze Vielfalt alter Wägen, die von prächtig geschmückten Rössern durch den Ort gezogen werden. Begleitet wird der bunte Umzug von Blaskapellen aus dem In- und Ausland und Trachtengruppen. Wie zu alten Zeiten empfangen Mensch und Tier an der eigens für diesen Tag erbauten Rosskapelle den Segen der Geistlichkeit, danach wird bayerisch zünftig gefeiert. Wer lieber die Einsamkeit der Bergwelt rund um den Tegernsee sucht, dem bieten die bis zu 2000 Meter hohen Berge an der Grenze zu Österreich ausreichend Gelegenheit zum Wandern oder zu sportlichen Touren mit dem Mountainbike. Vom nahen Wallberg aus, der auch mit einer Bergbahn zu erreichen ist, schweift der einzigartige Blick ins Tegernseer Tal. Im Winter ist die rasante Fahrt auf Deutschlands längster Naturrodelbahn den Wallberg hinunter eine echte Gaudi rund um die gastfreundliche Ferienregion.

Rund um den von Bergen eingerahmten Tegernsee gibt es viele Möglichkeiten abzuschalten und zu genießen

Vorspeisen

Knusprige Vinschgerl mit Almerer Käs
Frischkäsenockerl mit Rosmarinhonig
Bayernsushi vom Bonito
Huchenfilet auf Kartoffelschaum
Mittelstück vom Kabeljau
Blutwurstknödel auf marinierten Radieserln
Confit von der Gänsebrust

Knusprige Vinschgerl
mit Almerer Käs

1. Ich lasse von meinem Bäcker Vinschgerl (Südtiroler Brotspezialität) in Baguetteform herstellen, so dass ich schöne Scheiben schneiden kann und weniger Abschnitt habe. Das Baguette in 12 cm lange Stücke schneiden und im Tiefkühler ca. 1 Stunde anfrieren. Mit einer Brotschneidemaschine das Brot längs in hauchdünne Scheiben schneiden und im Fettbad knusprig ausbacken.

2. Den Käse ebenfalls in 10 cm lange und 0,5 cm dicke Scheiben schneiden. Pro Portion 4 Vinschgerlscheiben und 3 Käsescheiben vorsichtig übereinanderlegen und diese in den auf 180 °C vorgeheizten Ofen geben. Wenn der Käse anfängt zu zerlaufen, herausnehmen und sofort servieren.

Für 4 Personen

1 Vinschgerl in Baguetteform
ca. 300–350 g Alm-Käse

gemischter Blattsalat der Saison
leichte Vinaigrette

Tipp

Eine Pfeffermühle sollte bei Bedarf am Tisch stehen. Dazu passt auch ein Fruchtragout, Preiselbeeren oder ein wenig angemachter Salat.

Frischkäsenockerl
mit Rosmarinhonig

Für 4 Personen

200 g Rahmfrischkäse
Abrieb von einer Zitrone
Salz und Pfeffer
3 EL Tannenhonig
1 EL frischer, geschnittener
Rosmarin
1 TL Szechuan-Pfeffer
Balsamico

1. Den Käse mit einem Handrührgerät luftig aufschlagen. Mit der Zitronenschale, Salz und Pfeffer abschmecken. Den Pfeffer in einer Pfanne bei 180 °C etwa 2–3 Minuten anrösten. Den Honig dazugeben und leicht anwärmen. Nun den Rosmarin einstreuen und das Ganze beiseite stellen und den Honig mindestens 1 Tag ziehen lassen.

2. Den Frischkäse zu kleinen Nocken ausstechen. Etwas vom Honig erwärmen und über den Käse geben. Mit etwas eingekochtem Balsamico beträufeln. Wer möchte, kann auch hierzu knusprige Vinschgerl servieren (siehe Rezept für Almerer Käs). Als Garnitur noch etwas frischen, frittierten Rosmarin dazugeben.

Bayernsushi vom Bonito

mit Sauerrahm und Gurken

1. Aus der Gurke 12 Streifen von 10 cm Länge und 1,5 cm Breite schneiden. Daraus 12 kleine Kreise formen, eventuell mit einem Zahnstocher verschließen. Den Sauerrahm mit der Zitrone, Salz und Pfeffer abschmecken, die Gelatine auflösen und in den Sauerrahm geben. Nun die Schlagsahne unterheben. Das Ganze für 1 Stunde in den Kühlschrank stellen. Mit einem Spritzbeutel in die Gurkenkreise füllen.

2. Für die Serviettenknödel die Zwiebel in der Butter anschwitzen, den Knoblauch und die fein geschnittenen Kräuter dazugeben und auf das Knödelbrot geben. Nun die erwärmte Milch nach und nach dazu. Zum Schluss die Eier und die Gewürze dazugeben und das Ganze eine halbe Stunde durchziehen lassen. In einem Küchentuch wie gewünscht zu einer Rolle formen und im Wasserbad ca. 20 Minuten garen.

3. Den Serviettenknödel 1 Stunde anfrieren, mit einer Aufschnittmaschine in dünne Streifen längs aufschneiden und nebeneinanderlegen. Mit dem Sahnemeerrettich bestreichen und mit den Kräutern bestreuen. Den Thunfisch darin einrollen und das Ganze nochmals in eine Klarsichtfolie einrollen, kalt stellen.

4. Die Thunfischrollen aufschneiden und abwechselnd mit den Sauerrahmgurken anrichten. Mit gezupftem Salat und Schnittlauchvinaigrette servieren.

Für 4 Personen

Gurken mit Sauerrahm
1 geschälte Salatgurke
250 g Sauerrahm
125 g geschlagene Sahne
3 Blatt Gelatine
Abrieb einer Zitrone
Salz
Cayenne-Pfeffer

Serviettenknödel
1 Zwiebel, fein gewürfelt
50 g flüssige Butter
1 Knoblauchzehe
1 Bund Petersilie
etwas Majoran
400 g gewürfeltes Weißbrot
oder Semmeln
ca. 160 g warme Milch
3 Eier
1 Eigelb
Salz und Pfeffer
eine Prise Muskat

etwas Sahnemeerrettich
fein geschnittener Dill und Kerbel
240 g Thunfischfilet (Sushiqualität)

Salat
Schnittlauchvinaigrette

Huchenfilet
auf Kartoffelschaum

mit Radieserlgemüse

Für 4 Personen

Huchenfilets
4 Huchenfilets à 80–100 g
1 Schalotte, klein geschnitten
125 ml Weißwein
125 ml Gemüsefond
Salz, Pfeffer

Kartoffelschaum
4–6 mittelgroße, mehlig
kochende Kartoffeln
ca. 50 g Butter, zerlaufen
ca. 125 ml Milch
Salz, Pfeffer, Muskat

Radieschengemüse
12 knackige Radieschen
Butter
Muskatnuss
Salz, Pfeffer
Abrieb einer ½ Zitrone
1 EL Kalbsjus
1 Bund Dill

Kresse

1. Für das Huchenfilet den Weißwein und den Gemüsefond mit der Schalotte aufkochen. Den Fisch hineinlegen, würzen und von beiden Seiten etwa 3–4 Minuten leicht köcheln lassen.

2. Für den Schaum die Kartoffel mit der Schale kochen, schälen und durch ein Sieb passieren oder streichen. Mit zerlaufener Butter und Milch so lange verrühren, bis es schön dickflüssig wird. Dann mit Salz, Pfeffer und Muskat abschmecken.

3. Die Radieschen waschen und vom Grün befreien. In kleine Ecken oder dickere Scheiben schneiden. Etwas Butter aufschäumen lassen, die Radieschen dazugeben und 2–3 Minuten durchschwenken. Mit Salz und Pfeffer würzen. Die Radieschen herausnehmen und anrichten. In den Bratensatz die Zitrone, den Kalbsfond und den klein geschnittenen Dill geben. Miteinander verrühren und das Ganze über den Kartoffelschaum träufeln.

4. Den Kartoffelschaum auf einem Teller kreisförmig anrichten und das Radieschengemüse darübergeben. Das Huchenfilet daraufsetzen und mit etwas in der Pfanne geschwenkter Kresse dekorieren.

Mittelstück vom Kabeljau

auf Ochsenschwanzravioli und Senflinsen

1. Die Linsen mit den Schalotten und der Butter anschwitzen. Mit dem Kalbsjus und dem Gemüsefond weich kochen. Dann den leicht reduzierten Balsamico zugeben und mit Salz und weißem Pfeffer aus der Mühle abschmecken. Vor dem Anrichten etwas Kalbsjus, Pommery Senf, Butter, Gemüsebrunoise und etwas fein geschnittene Petersilie dazugeben, so dass eine cremige Konsistenz erreicht wird.

2. Den Ochsenschwanz anrösten, das Röstgemüse dazugeben und dann das Tomatenmark mitrösten. Mit dem Rotwein und dem Madeira ablöschen und mit dem Geflügelfond auffüllen. Nun die Gewürze zum Sud geben. Im Ofen ca. 1 ½ Stunden weich schmoren. Das Fleisch herausnehmen, vom Knochen ablösen und klein schneiden. Den Bratenfond passieren und auf ein Drittel einkochen. Davon nun 2–3 EL auf das Fleisch geben und beides miteinander vermengen und abschmecken. Den Nudelteig für die vier Ravioli möglichst dünn ausrollen. Das Ochsenschwanzragout auf einer Hälfte des Teiges mit einem Spritzsack oder einem Löffel ca. 6 cm im Quadrat aufstreichen. Den Nudelteig an den Rändern mit Eigelb bestreichen, über das Ragout legen und andrücken. Das Raviolo formen und anschließend so knapp wie möglich ausschneiden.

3. Die Eiszapfen auf ca. 7 cm Länge zurechtschneiden und in Salzwasser blanchieren. Zum Anrichten in etwas Butter und Brühe glasieren. Das Raviolo auf einem rechteckigen Teller an einer Seite platzieren, die Linsen daraufgeben und den Kabeljau obenauf setzen. Daneben die Eiszapfen dekorieren und mit etwas Kalbsjus umgießen.

Für 4 Personen

Senflinsen
200 g Champagnerlinsen
2 Schalotten
30 g Butter
200 ml Kalbsjus
200 ml Gemüsefond
1 EL Balsamico-Essig
Pommery-Senf
10 g Butter
Brunoise von Sellerie und Karotte
Petersilie

Nudelteig
8 Eigelb
4 Eier
750 g Wiener Grießler
35 g Olivenöl
Salz

Ochsenschwanzragout-Ravioli
1 Ochsenschwanz, in Stücke geschnitten
4 EL Röstgemüse
1 EL Tomatenmark
750 ml Rotwein
375 ml Madeira
1 l Geflügelfond
1 Knoblauchzehe
1 Lorbeerblatt
2 Nelken
10 Pfefferkörner
1 Thymianzweig
Salz, Pfeffer

Eiszapfen
1 Bund Eiszapfen

Anmerkung

Champagnerlinsen sind kleine rötlich-braune Linsen aus der Champagne, die eine besonders kurze Kochzeit haben.

Blutwurstknödel
auf marinierten Radieserln

Für 4 Personen

Blutwurstfüllung
2 frische Blutwürste
3 Schalotten, klein geschnitten
1 Knoblauchzehe,
klein geschnitten
2 Äpfel (Granny Smith)
1 Bund frischer Majoran
Pfeffer, frisch gemahlen

Kartoffelteig
250 g mehlige Kartoffeln,
gekocht und passiert
150 g doppelgriffiges Mehl
(Wiener Grießler)
2 Eigelb
30 g braune Butter
Salz
etwas Muskat
30 g Butter
½ Bund Schnittlauch
½ Bund Petersilie

Marinierte Radieschen
8 Radieschen
1 EL weißer Balsamico
1 EL Olivenöl
Pfeffer und Salz
½ Bund Schnittlauch

300–400 ml Kalbsjus

1. Für die Blutwurst die Schalotten und den Knoblauch mit etwas Butter in einer Pfanne anschwitzen. Nun die fein gewürfelten Äpfel und die von der Haut befreite Blutwurstfüllung dazugeben. Mit Majoran und frisch gemahlenem Pfeffer abschmecken.

2. Für den Kartoffelteig alles zusammen zu einem Teig vermengen, ca. 1 cm dick ausrollen und mit einem Ausstecher von 5 cm Durchmesser ausstechen. Mit der Blutwurstmasse füllen und zu gleichmäßigen Knödeln formen. In kochendes Salzwasser geben und so lange kochen, bis die Knödel oben schwimmen. Herausnehmen und mit Butter, frisch geschnittener Petersilie und Schnittlauch glasieren.

3. Die Radieschen in feine Streifen schneiden oder raspeln. Mit Essig, Öl und Schnittlauch marinieren und mit Salz und Pfeffer abschmecken. Die marinierten Radieschen in einem tiefen Teller anrichten. Die Knödel daraufsetzen und mit etwas Kalbsjus servieren.

Confit von der Gänsebrust

mit glasierten Koriander-Äpfeln

1. Für das Confit die Gänsebrüste mit den Zutaten einreiben und 2–3 Tage marinieren. Das Gänsefett zerlaufen lassen und beim Siedepunkt die Brüste darin weich garen. Im Fett auskühlen lassen. Zum Erwärmen die Brüste ohne Fett in den Ofen geben. Wer möchte, kann die Hautseite bei starker Oberhitze knusprig garen.

2. Für die Koriander-Äpfel die Äpfel in Sechstel schneiden und vom Kerngehäuse befreien. In einer beschichteten Pfanne den Puderzucker karamellisieren lassen, gestoßene Korianderkörner sowie die Apfelstückchen hinzugeben. Mit etwas Butter, Salz und Pfeffer abschmecken und glasieren. Nach Geschmack in diesem Fond noch in feine Streifen geschnittenen Staudensellerie kurz anschmoren.

3. Die Koriander-Äpfel und nach Geschmack den Sellerie mit dem Fond in einem tiefen Teller anrichten und die confierte Gänsebrust darauflegen. Mit etwas Koriander und Thymian bestreuen.

Für 4 Personen

Confit von der Gänsebrust
muss zwei bis drei Tage marinieren
4 ausgelöste Gänsebrüste
grobes Meersalz
gestoßener Pfeffer
Rosmarin
Knoblauch
Lorbeer
100 g Gänsefett

Koriander-Äpfel
4 fest kochende Äpfel
80 g Puderzucker
20 Korianderkörner
30 g Butter
Salz und Pfeffer
1 Stange Staudensellerie

Koriander und Thymian
zur Dekoration

Suppen

Rote-Bete-Suppe mit karamellisierten Äpfeln
Karamellisierte Kürbissuppe
Rahmsuppe mit Feldsalat und Pfefferbeißer

Rote-Bete-Suppe
mit karamellisierten Äpfeln

mit Meerrettich und geräuchertem Forellenfilet

1. Für die karamellisierten Äpfel beide Äpfel schälen und mit dem Kugelausstecher schöne Kugeln ausstechen. Diese in etwas Butter und Zucker karamellisieren und beiseite stellen. Den restlichen Apfel für die Suppe verwenden.

2. Für die Suppe die fein geschnittenen Schalotten in etwas Butter farblos anschwitzen und das restliche Fruchtfleisch vom Apfel dazugeben, mit dem Weißwein und der Brühe auffüllen und einkochen lassen. Nun die Sahne einrühren und nochmals einkochen lassen. Mit Salz und Pfeffer abschmecken. Die klein geschnittenen Roten Beten hinzufügen und in einem Mixer alles zu einer cremigen Suppe pürieren.

3. Als Einlage nun die Apfelkugeln sowie das klein geschnittene Forellenfilet hinzugeben. Zum Schluss frischen Meerrettich darüberreiben.

Für 4 Personen

2 säuerliche Äpfel
Butter
Zucker

Rote-Bete-Suppe
2 Schalotten
30 g Butter
200 ml trockener Weißwein
300 ml Consommé oder Brühe
500 ml Sahne
Salz, Pfeffer
2 gekochte mittelgroße Rote Beten

1 geräuchertes Forellenfilet
frischer Stangenmeerrettich

Karamellisierte Kürbissuppe

mit kleinem Hummerpflanzerl

Für 4 Personen

Karamellisierte Kürbissuppe
250 g Muskatkürbis,
klein geschnitten
4 Schalotten
etwas Butter
1 EL Zucker
4 EL Essig
500 ml Krustentierfond
500 ml Geflügelbrühe
250 ml Sahne
1 TL Dillspitzen
Salz und Pfeffer
etwas Muskat

Hummerpflanzerl
160 g Hummerfleisch
2 EL Kalbsbrät
Salz, Pfeffer
½ EL fein geschnittener Dill
Kürbiskörner, geröstet
Kernöl

1. Für die Kürbissuppe den Kürbis und die klein geschnittenen Schalotten in einem Topf mit etwas Butter anschwitzen. Den Zucker darüberstreuen und das Ganze karamellisieren. Mit dem Essig ablöschen, den Krustentierfond und die Geflügelbrühe aufgießen. Wenn der Kürbis weich ist, die Sahne dazugießen, einmal aufkochen, mixen und durch ein feines Sieb passieren. Zum Schluss mit Salz, Pfeffer und Muskat abschmecken.

2. Für die Pflanzerl das Hummerfleisch klein schneiden, mit dem Brät und dem Dill vermengen, abschmecken und zu 4 kleinen Pflanzerln formen. Diese in Butterschmalz nicht zu heiß ausbraten und in die Suppe geben.

3. Als Garnitur kann man noch geröstete Kürbiskerne und etwas Kernöl auf die Suppe geben. Wer's ganz üppig mag, kann natürlich noch einen gegarten Hummerschwanz in die Suppe geben.

Rahmsuppe mit Feldsalat und Pfefferbeißer

1. Für die Rahmsuppe Zwiebeln, Knoblauch und das Gemüse klein schneiden und in einem Topf anschwitzen. Mit dem Weißwein und Noilly Prat ablöschen. Mit dem Gemüsefond und der Sahne auffüllen, abschmecken und alles auf die Hälfte einkochen. Anschließend mixen und passieren, ergibt ca. einen Dreiviertelliter.

2. Die Butter aufschäumen und die Zwiebel farblos anschwitzen. Nun den Feldsalat dazugeben und so lange erhitzen, bis er ein wenig zusammengefallen ist. Sofort vom Herd nehmen und kalt stellen.

3. Die Grundsuppe erwärmen und mit dem Feldsalat im Mixer fein mixen und nochmals abschmecken. Die Pfefferbeißer in feine Scheibchen schneiden und im Ofen bei 80 °C trocknen, bis sie schön knusprig sind. Als Einlage mit Brotcroutons in die Suppe geben.

Für 4 Personen

Rahmsuppe
2 Zwiebeln
1 Knoblauchzehe
1 Stange Lauch
10 Champignons
1 kleine Sellerieknolle
500 ml Weißwein
250 ml Noilly Prat
250 ml Gemüse-/Geflügelfond
250 ml Sahne
Salz, Pfeffer

etwas Butter
1 Zwiebel, klein geschnitten
250 g geputzter Feldsalat

Fisch

Zanderfilet
mit mariniertem Rettich

im tomatisierten Räucherfond

Für 4 Personen

Zanderfilet
4 Zanderfilets à 60 g
1 EL zerlassene Butter
1 EL Mie de Pain
1 TL geriebener Meerrettich
Salz, Pfeffer

Marinierter Rettich
1 junger Rettich
1 Schalotte
2 EL Champagneressig
4 EL Sonnenblumenöl
Salz, Pfeffer, Muskatnuss
1 Msp Senf

Tomatisierter Räucherfond
5 Champignons
1 Stange Lauch
1 Zwiebel
2 Knoblauchzehen
1 kleine Fenchelknolle
1 Packung geräuchertes Forellenfilet
1 EL Tomatenmark
750 ml Weißwein
750 ml kräftiger Geflügelfond
500 ml Noilly Prat
Pfefferkörner, Lorbeerblatt, Salz,
Korianderkörner, Petersilie, Dill
etwas kalte Butter
feingeschnittener Dill zum Schluss

Kartoffelpüree

1. Das Zanderfilet leicht plattieren, einrollen, bzw. in eine hitzebeständige Folie einpacken. Im Ofen bei 85 °C glasig garen. Die Butter, Mie de Pain, Meerrettich und Gewürze vermengen, über das Zanderfilet geben und dieses bei starker Oberhitze goldgelb bräunen.

2. Für den Rettich aus der klein geschnittenen Schalotte mit Senf, Essig, Öl und Gewürzen eine Vinaigrette herstellen. Den Rettich schälen und in feine Streifen schneiden, mit lauwarmem Wasser abwaschen und mit der Marinade würzen.

3. Für den Räucherfond das Gemüse und das Forellenfilet klein schneiden und dann in etwas Butter anschwitzen. Das Tomatenmark hinzugeben und kurz anrösten. Nun mit dem Weißwein, Geflügelfond und Noilly Prat ablöschen. Um die Hälfte einkochen lassen, dann die Gewürze und die Kräuter hinzugeben und nochmals 5 Minuten leicht köcheln lassen. Durch ein Sieb passieren und mit etwas kalter Butter aufmontieren. Nun den fein geschnittenen Dill hineingeben und servieren.

4. Den marinierten Rettich in die Mitte des Tellers geben und nach Wunsch Kartoffelpüree mit einem Spritzbeutel außen herum tupfen. Mit dem Räucherfond fast bedecken, den Zander daraufsetzen und servieren.

Zanderfilet auf Zwiebeltarte

mit Roten Rüben

1. Für den Kuchen die Zwiebeln mit Zucker und Butter anschwitzen, den Portwein und das Lorbeerblatt dazugeben und so lange köcheln lassen, bis der Portwein verkocht ist. Abschmecken und trocknen lassen.

2. Für den Kuchenboden alles zusammen zu einem Mürbteig verarbeiten. Dünn ausrollen, auf das eingefettete Blech geben und mit einer Gabel einstechen! Ca. 5–8 Minuten bei 180 °C blind backen.

3. Für den Guss alles miteinander verrühren. Die Zwiebeln auf den vor gebackenen Teig geben, den Guss darüber und das Ganze nochmals in den Ofen bei 200 °C Oberhitze und 250 °C Unterhitze ca. 10–15 Minuten backen.

4. Die Roten Beten in Alufolie mit etwas Meersalz, Kümmel, Zucker, Lorbeer und Pfeffer einwickeln. Im Ofen bei 160 °C garen, mit einer Gabel den Garpunkt testen. Sie sollte sich leicht einstechen und herausziehen lassen. Das dauert ca. 45 Minuten. Die Roten Beten aus dem Ofen nehmen und in ca. 1,5 cm dicke und 3 cm große runde Scheiben schneiden.

5. Für die Sauce die Fischsauce erwärmen und mit dem Meerrettich aus dem Glas und frisch geriebenem Meerrettich nach Geschmack würzen. Alles zusammen mit einem Stabmixer aufmixen.

6. Die Zanderfilets von beiden Seiten goldgelb braten. Die Zwiebeltarte in 5 cm lange und 2 cm breite Rechtecke schneiden und im Ofen erwärmen. Die Rote-Beten-Scheiben und dann das Zanderfilet darauf anrichten und mit der Meerrettichsauce servieren.

Für 4 Personen

Zwiebelkuchen
250 g rote Zwiebelwürfelchen
30 g Zucker
30 g Butter
Lorbeerblatt, Salz
300 ml roten Portwein
300 ml weißen Portwein

Boden (1 Blech 30 x 20)
500 g Mehl
250 g Butter
(evtl. 50 g Schweineschmalz)
250 ml Wasser
1 Ei
ca. 10 g Salz

Guss für den Kuchen
125 g Crème Fraîche
100 g Sahne
1 Ei
Salz, Pfeffer, Muskat

Rote Bete
4 mittelgroße Rote Beten
Meersalz, Kümmel, Zucker, Lorbeer, Pfeffer

Meerrettichsauce
200 ml Fischsauce
1 TL Meerrettich aus dem Glas
frischer Meerrettich

4 Zanderfilets
etwas Butter

Saiblingsfilet auf gefülltem Semmelknödel

mit Steinpilzen

Für 4 Personen

Gefüllter Semmelknödel
1 Serviettenknödel 15 cm lang
und 5 cm im Durchschnitt
ca. 500 g Steinpilze, in kleine
Würfel geschnitten
4 Schalotten
2 Knoblauchzehen
2 Strauchtomaten
Petersilie
1 EL Rahm

Saiblingsfilet
4 Saiblingsfilets mit Haut
30 g Butter
1 TL Zitronensaft
4 EL Kalbsfond
Salz, Pfeffer

Salatkräuter
Kerbel, Dill, Schnittlauch,
Tomatenwürfel
Schalottenwürfel
weißer Balsamico
Traubenkernöl
Salz, Pfeffer

1. Für die gefüllten Semmelknödel die Strauchtomaten abziehen und in kleine Würfel schneiden, ebenso die Steinpilze, die Schalotten und den Knoblauch fein würfeln. Den Serviettenknödel im Tiefkühler ca. 1 Stunde anfrieren. Mit einer Brotschneidemaschine in 0,5 cm dicke Scheiben schneiden. Diese in einer Pfanne beidseitig mit wenig Farbe anbraten und beiseite stellen. Die Steinpilze mit den Schalotten anschwitzen, den Knoblauch dazu, abschmecken. Zum Schluss die gewürfelten Tomaten, den Rahm und die frisch geschnittene Petersilie dazugeben. Das Ganze erkalten lassen. Zwischen zwei Semmelknödelscheiben jeweils 1 EL von den Steinpilzen geben. Gut zusammendrücken und im Ofen nochmals erwärmen. Pro Person werden 2 Portionen von der Steinpilzlasagne benötigt.

2. Für den Fisch in einer Pfanne etwas Butter erwärmen, die Saiblingsfilets mit der Hautseite nach unten in die Pfanne legen und leicht gar ziehen, kurz vor dem Servieren die Filets wenden, würzen und die Haut abziehen. Das Filet auf die Steinpilzlasagne geben. In den Bratensatz den Zitronensaft sowie den Kalbsfond geben. Einmal aufkochen und über das Filet träufeln.

3. Als Garnitur servieren wir noch einen Kräutersalat aus Kerbel, Dill, Schnittlauch sowie marinierten Tomatenwürfeln. Für die Marinade aus klein geschnittenen Schalottenwürfeln, weißem Balsamico und hellem Traubenkernöl eine Vinaigrette herstellen. Mit Salz und Pfeffer abschmecken und auf dem Saiblingsfilet dekorieren.

Forellenfilet auf Kartoffel-Pfifferlingspüree

mit Kräutersalat

1. Für das Püree zuerst die Tomaten abbrühen, häuten, entkernen und in kleine Würfel schneiden. Die Pfifferlinge, die Knoblauchzehe und die Zwiebel klein schneiden. Die Pfifferlinge in einer Pfanne heiß anbraten, Knoblauch und Zwiebel dazugeben und abschmecken. Zum Schluss die Tomatenwürfel und den fein geschnittenen Schnittlauch unterrühren. Die Kartoffeln mit der Schale kochen, schälen und mit einer Gabel oder Stampfgerät zerdrücken. Die Pfifferlinge und etwas Olivenöl dazugeben und abschmecken.

2. Die Forellenfilets etwas plattieren und aus einem Filet 3 Röllchen rollen. Eventuell mit Schnittlauch binden. Die Röllchen in etwas Butter garen und gut würzen. Dann herausnehmen und auf das Püree geben. In den Bratensatz einen Spritzer Balsamico-Essig oder Zitronensaft geben.

3. Für den Kräutersalat aus dem Balsamico, Distelöl und etwas Kürbiskernöl eine Marinade herstellen und abschmecken. Die Kräuter und den Salat damit marinieren.

4. Das Kartoffelpüree mit einem Ring auf einem Teller anrichten. Dann die Röllchen vom Forellenfilet darauflegen und mit dem Bratensatz umträufeln. Obenauf mit dem Kräutersalat dekorieren.

Für 4 Personen

Kartoffel-Pfifferlingspüree
2 mittelgroße Tomaten
ca. 400 g geputzte Pfifferlinge, klein geschnitten
1 Knoblauchzehe
1 Zwiebel
Pfeffer, Salz
1 Bund Schnittlauch
Olivenöl, Salz, Pfeffer, Muskat
4–6 große, mehlig kochende Kartoffeln
etwas Balsamico-Essig
Zitronensaft

Forelle
4 große Forellenfilets
etwas
Balsamico-Essig oder Zitronensaft

Kräutersalat
weißer Balsamico, Distelöl, etwas Kürbiskernöl
Salz, Pfeffer
Kerbel, Estragon, Dill, Kresse, Frisée, Rucola

Renkenfilet
im Steinpilzcrêpe

Für 4 Personen

4 Renken bzw. 8 Renkenfilets
ersatzweise Forelle oder Saiblinge
250 ml Crêpesteig
8 ganze mittelgroße Steinpilze
4 EL Kalbsbrät
Salz, Pfeffer
evtl. Schalotten und Tomaten,
gewürfelt

Crêpeteig
3 Eier
100 g Mehl
Milch nach Bedarf
30 g geschmolzene Butter
Salz

Cremespinat
500 g frischer Spinat
30 g Butter
1 Schalotte
ca. 150 ml Sahne
Salz, Pfeffer, Muskat
Weißweinsauce

1. Für die Steinpilzcrêpes die Steinpilze in 3 mm dicke Scheiben schneiden, diese in einer Pfanne beidseitig etwas anbraten und trocken legen. Die Pilze nun in eine beschichtete Pfanne legen, so dass der Boden gut belegt ist. Die Eier mit Mehl, Milch und flüssiger Butter zu einem glatten Teig verrühren. Mit einer Prise Salz würzen. Den Crêpeteig über die Pilze geben und im Ofen fertig garen. Die Crêpes rechteckig zuschneiden, passend zur Größe der Fischfilets. Mit Kalbsbrät bestreichen und jeweils 2 Renkenfilets übereinander hineinrollen. Das Ganze mit etwas flüssiger Butter bepinseln und im Ofen bei 160 °C ca. 10 Minuten garen. Falls noch Steinpilze übrig sind, diese fein würfeln, mit Schalotten und gewürfelten Tomaten anschwitzen, abschmecken und diese zum Anrichten auf die Crêperollen geben.

2. Den geputzten und gewaschenen Spinat in Butter und fein gewürfelter Schalotte dünsten, dann herausnehmen und mit dem Messer möglichst fein hacken. Anschließend mit Sahne nach Geschmack verrühren und mit Salz, Pfeffer und Muskat abschmecken.

3. Den Cremespinat auf einen Teller geben, die Rouladen jeweils halbieren und daraufsetzen. Falls vorhanden, mit etwas Pilzragout dekorieren und mit aufgeschlagener Weißweinsauce umgießen.

Gebackenes Tatar vom Bachsaibling

auf Gurkensalat

1. Das Saiblingsfilet zu Tatar schneiden, würzen, den fein geschnittenen Dill und Schalotte dazugeben und mit dem Olivenöl vermengen. So wird das Auseinanderfallen verhindert. Aus der Tatarmasse Pralinen à 50 g formen und in Weißbrotwürfeln wenden. In Butterschmalz goldgelb ausbacken. Außen soll das Tatar knusprig sein, innen kalt.

2. Für den Gurken-Sauerrahmsalat die Gurke schälen, halbieren und entkernen. In feine Scheiben hobeln und zur Seite stellen. Den Sauerrahm mit Salz, Pfeffer und dem Dijonsenf würzen und mit einem Spritzer Zitrone abschmecken.

3. Für die Rote-Beten-Vinaigrette bzw. Schnittlauch-Vinaigrette alle Zutaten miteinander verrühren. Anschließend den Gurken-Sauerrahmsalat in einem tiefen Teller anrichten, mit der Vinaigrette nach Wahl umgießen und die frisch gebackene Praline vom Bachsaibling daraufsetzen. Sofort servieren.

Für 4 Personen

200 g Saiblingsfilets, ohne Gräten
1 Schalotte, fein geschnitten
etwas Dill
Salz und Pfeffer
Koriander
etwas Olivenöl
Toastbrot, fein gewürfelt, ohne Rinde
Butterschmalz zum Ausbacken

Gurken-Sauerrahmsalat
1 Salatgurke
160 g Sauerrahm
Salz und Pfeffer
1 TL Dijonsenf
Spritzer Zitrone
Dill

Rote-Beten- oder Schnittlauch-Vinaigrette
2 EL geriebene Rote Beten oder
2 EL fein geschnittener Schnittlauch
2 EL Weißweinessig
2 EL Sonnenblumenöl
Salz und Pfeffer

Gerollte Kartoffel-Bärlauchnudeln

mit gebratenem Seezungenfilet

Für 4 Personen

Kartoffel-Bärlauchnudeln
80 g mehlig gekochte Kartoffeln
100 g doppelgriffiges Mehl
2 Eier
frischer Bärlauch
etwas Wasser
Salz, Pfeffer

4 Seezungenfilets

Tomatenragout
4 große Strauchtomaten
2 Schalotten
1 Knoblauchzehe, fein geschnitten
Salz, Pfeffer, Zucker
Essig, etwas Olivenöl

1. Für die Kartoffel-Bärlauchnudeln die Kartoffeln durch eine Presse drücken und in eine Schüssel geben. Die Eier mit dem Bärlauch in einem Mixer fein pürieren, wobei man die Hälfte des Bärlauchs vorher kurz blanchiert. Die Masse auf die Kartoffeln sowie das Mehl geben. Zu einem kompakten Teig kneten und nach Bedarf etwas Wasser zugeben. Mit Folie abdecken und 1 Stunde ruhen lassen. Mit einem Nudelholz dünn ausrollen, in Streifen schneiden und zu dünnen „Schupfnudeln" rollen. In Salzwasser blanchieren. Beim Warmschwenken kann man etwas frischen Bärlauch dazugeben.

2. Die Seezungenfilets würzen und in Butter links/rechts anbraten und über die Nudeln geben. Als Sauce eignet sich am besten braune Butter oder ein eingekochtes Tomatenragout.

3. Die Tomaten schälen, entkernen und in Würfel schneiden. Die klein geschnittenen Schalotten in Olivenöl anschwitzen, etwas Zucker dazugeben und mit einem Spritzer weißem Balsamico ablöschen. Die Tomaten hineingeben, abschmecken und marmeladenartig ca. 10–15 Minuten einkochen.

4. Die Bärlauch-Nudeln kurz in einer Pfanne in geschmolzener Butter erwärmen und auf einen vorgewärmten Teller geben. Die Seezungenfilets darüberlegen und mit brauner Butter oder dem noch warmen Tomatenragout servieren.

Tipp

Wer dieses Gericht ausschließlich vegetarisch genießen möchte, kann hierzu auch eine gebackene und gut gewürzte große Scheibe Aubergine servieren.

Fleisch

Rehrücken in der Dörrobst-Nusskruste

mit Feigenbuchteln

1. Den Rehrücken in Medaillons schneiden, würzen und kurz von beiden Seiten anbraten. Danach ruhen lassen.

2. Für die Kruste die Nüsse und Früchte anschwitzen. Die geschmolzene Butter, sowie die Gewürze, das Mie de Pain und Eigelb dazugeben. Gut vermengen, zu einer Rolle formen und kalt stellen. Über das gebratene Rehmedaillon geben und bei starker Oberhitze gratinieren.

3. Für die Buchteln die Hefe in der Milch auflösen. Das Mehl und den Zucker mit der Hefe-Milch vermengen und zum Schluss Eigelb und Butter dazugeben und gehen lassen. Aus dem Hefeteig etwa Tischtennisball große Kugeln formen, mit Feigenconfit füllen und bei 160 °C goldgelb backen. Wer noch etwas Confit übrig hat, kann dies noch ein wenig auf die Buchteln geben.

4. Für das Confit den Zucker karamellisieren und die geschälten und klein geschnittenen Feigen zugeben. Mit Portwein und Cassislikör ablöschen, abschmecken und marmeladenähnlich einkochen. Zu dem Gericht serviere ich noch Rahmwirsing und Wildsauce.

5. Die Buchteln in der Mitte des Tellers platzieren und den aufgeschnittenen Rehrücken an beiden Seiten anrichten. Etwas Feigenconfit auf die Buchteln geben und etwas Wildjus angießen. Dazu jeweils zwei Nocken Rahmwirsing dekorieren.

Für 4 Personen

Rehrücken
400 g Rehrückenfilet
Pfeffer, Salz
Butterschmalz

Nusskruste
je 50 g fein gehackte Mandeln,
Walnüsse und Macadamianüsse
80 g fein geschnittene, getrocknete Aprikosen
80 g Dörrpflaumen
250 g Butter
gestoßener Pfeffer, Salz
gemahlenes Piment
gemörserter Lorbeer
gemahlener Anis
Zimt
100 g Mie de Pain
6 Eigelb

Buchteln
21 g Hefe
75 g lauwarme Milch
250 g Mehl
15 g Zucker
2 Eigelb
80 g weiche Butter

Feigenconfit
10 Feigen
50 g Zucker
250 ml roter Portwein
50 ml Cassislikör
Salz, Piment

Rahmwirsing
Wildjus

Wildhasenrücken mit Gewürzschmarrn

Für 4 Personen

Wildhasenrücken
2 Wildhasenrücken, ausgelöst
Butter
6 Wacholderbeeren, angehackt
1 Knoblauchzehe
1 Thymianzweig
40 ml Grand Manier
40 ml Cognac oder Weinbrand
40 ml Portwein, rot
80 ml Rotwein
200 ml Wildfond
1 TL fein geschnittener Sellerie
1 TL fein geschnittene Schalotten
Salz, zerdrückter weißer Pfeffer

Gewürzschmarrn
160 g Lebkuchenbrösel
70 g Spekulatiusbrösel
100 g Mehl
5 Eigelb
250 ml Milch
5 Eischnee
Salz, Pfeffer
Puderzucker

gelbe Rüben
junger Zwiebellauch

1. Für den Wildhasenrücken die Butter aufschäumen lassen. Knoblauch, Thymian und Wacholderbeeren hinzu. Nun den Hasenrücken von beiden Seiten in der Gewürzbutter rosa garen, nicht braten. Den Hasenrücken herausnehmen und warm stellen. Das Gemüse hinzu, kurz durchschwenken, mit dem Alkohol ablöschen und um die Hälfte einkochen. Wildfond dazu und nochmals um die Hälfte einkochen, dann abpassieren.

2. Für den Gewürzschmarrn die Brösel mit dem Mehl vermengen, das Eigelb mit der Milch verrühren und dann beides mit dem Handrührgerät vermischen. Das Eiweiß aufschlagen und unterheben. In eine heiße, beschichtete Pfanne etwas Butter geben, den Teig dazu, das Ganze ca. 4–5 Minuten in den 160 °C heißen Ofen geben. Herausnehmen, mit Puderzucker bestreuen und bei starker Oberhitze karamellisieren. Zu dem Hasenrücken servieren.

3. Den Hasenrücken mit dem Gewürzschmarrn auf einem Teller anrichten und die Sauce angießen. Als Gemüse passen glasierte gelbe Rüben und junger Zwiebellauch dazu.

Mein Tegernseer Schnitzel mit Gurkensalat

1. Für die Schnitzel den Senf und Meerrettich miteinander verrühren. Die Schnitzel auf beiden Seiten dünn damit bestreichen. Dann die Schnitzel nach Wiener Art panieren und in Butterschmalz goldgelb ausbacken.

2. Für den Salat die Gurke schälen, halbieren und entkernen. In feine Scheiben hobeln und zur Seite stellen. Den Sauerrahm mit Salz, Pfeffer, Meerrettich und dem Dijonsenf würzen und mit einem Spritzer Zitrone abschmecken. Die Gurken mit dem Sauerrahm vermischen und den gehackten Dill dazugeben.

Für 4 Personen

Tegernseer Schnitzel
4 dünne Kalbsschnitzel
2 EL süßen Senf
2 EL Meerrettich aus dem Glas
verquirltes Ei
1 EL geschlagene Sahne
Mehl, Mie de pain
Salz, Pfeffer

Gurkensalat
1 Salatgurke
160 g Sauerrahm
Pfeffer, Salz
1 TL Dijonsenf
1 Msp Meerrettich
1 Spritzer Zitrone
Dill

Anmerkung

Dieses Gericht habe ich vor 15 Jahren kreiert. Es ist bis heute eines meiner meist verkauften Gerichte. Dazu esse ich am liebsten einen Gurkensalat mit Sauerrahm und Butterkartoffeln ... dazu noch ein „Tegernseer Helles" und das Glück ist fast perfekt!

Gepökelte Gänsebrust

mit Wurzelgemüse und Meerrettichsauce

Für 4 Personen

Gepökelte Gänsebrust
1 Zwiebel
1 Lauchstange
1 kleine Sellerieknolle
2 Karotten
1 Thymianzweig
3 Petersilienstängel
1 Knoblauchzehe
5 Wacholderbeeren
10 weiße Pfefferkörner
2 Nelken
1 Lorbeerblatt
1 l Wasser
10 g Pökelsalz
2 Gänsebrüste von ca. 6 kg
schweren Gänsen
250 ml Sahne
Sahnemeerrettich aus dem Glas

Wurzelgemüse
1 Petersilienwurzel
1 kleine Sellerieknolle
2 Karotten
1 Kohlrabi
2 Zwiebeln
Liebstöckel

1. Für die Gänsebrust alle Zutaten ohne die Gänsebrüste aufkochen und wieder erkalten lassen und die Gänsebrüste darin 2–3 Tage einlegen. In einem Topf mit je einem Teil Gemüsebrühe und einem Teil Pökelfond die Brüste weich kochen. Von dem Pochierfond etwa einen halben Liter entnehmen, abpassieren und um die Hälfte einkochen. Die Sahne dazugeben und nochmals auf die Hälfte einkochen lassen, mit Sahnemeerrettich aus dem Glas abschmecken.

2. Das Wurzelgemüse in 1 cm² große Würfel schneiden und in einem Topf mit Butter angehen lassen, dann mit dem Pochierfond aufgießen und bissfest garen. Die Gänsebrust hauchdünn aufschneiden und lauwarm mit dem Wurzelgemüse servieren. Dazu die Meerrettichsauce reichen.

Minutenroulade
von der Rehkeule

in Pfeffer gebraten auf Semmelknödel-Wirsinglasagne

1. Für die Minutenroulade die Rehschnitzel leicht plattieren. Den Sellerie schälen, in längliche Stifte schneiden und blanchieren. Danach durch die gehackten Walnüsse wälzen. Auf die Rehschnitzel geben und einrollen. Mit einem Zahnstocher verschließen. Jetzt in dem gestoßenen Pfeffer rollen und in Butterschmalz ausbacken.

2. Für die Serviettenknödel die fein gewürfelte Zwiebel in der Butter anschwitzen, den Knoblauch und die fein geschnittenen Kräuter dazugeben und auf das Knödelbrot geben. Nun die erwärmte Milch nach und nach dazugeben und unterrühren. Zum Schluss die Eier und die Gewürze dazu und das Ganze eine halbe Stunde durchziehen lassen. In einem Küchentuch zu einer Rolle formen und im Wasserbad ca. 20 Minuten garen.

3. Für die Lasagne den Serviettenknödel in ca. 0,5 cm dicke Scheiben schneiden und von beiden Seiten kurz in Butter anbraten. Den Wirsing klein schneiden, blanchieren und abtropfen lassen. In einem Topf die gehackten Zwiebeln und den fein gewürfelten gekochten Schinken andünsten. Mit Sahne auffüllen und etwas einkochen lassen. Den Wirsing dazugeben und durchkochen, bis sich eine kompakte Masse bildet. Mit Salz, Pfeffer und Muskat abschmecken. Pro Portion 3 Serviettenknödelscheiben nehmen und abwechselnd mit dem Wirsing füllen.

4. Die Rouladen in der Mitte aufschneiden und rechts und links von einer Portion Lasagne anrichten. Etwas Wildjus erwärmen und die Rouladen damit umgießen. Nach Geschmack noch in Filoteig gebackenen Sellerie dazu servieren und mit gehackten Walnüssen dekorieren.

Für 4 Personen

Minutenroulade von der Rehkeule
4 Rehschnitzel aus der Keule
4 Stangen Sellerie
einige gehackte Walnüsse
schwarzer, weißer und roter Pfeffer
Butterschmalz

Serviettenknödel
50 g flüssige Butter
1 Zwiebel
1 Knoblauchzehe
1 Bund Petersilie
etwas Majoran
400 g gewürfeltes Weißbrot oder Semmeln
ca. 160 g warme Milch
3 Eier
1 Eigelb
Salz, Pfeffer, Muskat

Semmelknödel-Wirsinglasagne
Serviettenknödel
30 g Butter
1 kleiner Wirsing
2 kleine Zwiebeln
400 g gekochter Schinken
ca. 200 g Sahne

Wildjus
gehackte Walnüsse

Fasanenbrust im Krautspeckmantel

mit glasierten Trauben und Kartoffelpüree

Für 4 Personen

Fasanenbrust
2 große oder 4 kleine
Fasanenbrüste
Salz, Pfeffer
12 dünne Scheiben Bauchspeck
8 EL gekochtes Champagnerkraut
Butter für die Folie
Karkassen vom Huhn
2 EL Butterschmalz
150 g Gemüse (Möhren, Zwiebeln,
Sellerie, Lauch)
1 EL Tomatenmark
3 EL Rotwein
1 EL Sherry
1 EL Gin
5 Wacholderbeeren
1 Thymianzweig
Salz, Pfeffer
250 ml Kalbsfond
Crème double
200 g helle Trauben
Butter
Zucker

Kartoffelchips
Kartoffelpüree

1. Für die Fasanenbrust das Fleisch waschen, trocknen und mit Salz und Pfeffer würzen. Jeweils 3 Scheiben Speck nebeneinanderlegen und mit dem Champagnerkraut bestreichen. Das Fleisch daraufgeben, zusammenrollen und in gebutterte Alufolie einpacken. Alles in leicht köchelndem Wasser ca. 20 Minuten pochieren.

2. Inzwischen die Karkassen waschen und in Butterschmalz anbraten. Das klein geschnittene Gemüse dazugeben, mitrösten und anschließend das Tomatenmark unterrühren. Den Sherry, den Rotwein und den Gin angießen. Die Wacholderbeeren etwas andrücken und mit dem Thymian dazugeben. Mit Salz und Pfeffer abschmecken. Den Kalbsfond angießen und alles ca. 25 Minuten köcheln lassen. Anschließend die Sauce durch ein Sieb streichen und die Crème double unterrühren. Die Sauce auf die Hälfte reduzieren.

3. Die Trauben waschen, schälen, entkernen und in heißer Butter mit Zucker schwenken. Das Fleisch mit der Sauce auf Tellern anrichten und mit den Trauben und Kartoffelchips dekorieren. Dazu passt Kartoffelpüree.

Gefüllte Kalbsbrust
mit Kartoffel-Radieserlsalat

1. Für die Füllung in einer Schüssel das in Scheiben geschnittene Brot mit der lauwarmen Milch vermischen und etwa 15 Minuten quellen lassen. Nun die restlichen Zutaten ohne die Kräuter zu dem eingeweichten Brot in die Schüssel geben und miteinander vermengen. Mit Salz, Pfeffer und Muskat abschmecken. Zum Schluss die frisch gehackten Kräuter unterheben und die Masse in die Kalbsbrust füllen. Mit Küchengarn zunähen.

2. Für den Fond das Wurzelgemüse in walnussgroße Stücke schneiden. Die Kalbsbrust in einem Bräter von beiden Seiten in Butterschmalz scharf anbraten, mit Salz und Pfeffer würzen und wieder aus dem Bräter nehmen. Darin jetzt das Wurzelgemüse anrösten, das Tomatenmark dazugeben und auch kurz mitrösten. Mit Weißwein ablöschen und mit den anderen Flüssigkeiten aufgießen. Dann Rosmarin, Thymian, Knoblauch und Lorbeer dazugeben, die Kalbsbrust wieder in den Bräter geben und bei ca. 160 °C etwa 3 ½–4 Stunden im Backofen schmoren. Zwischenzeitlich die Brust immer wieder mit dem Schmorfond übergießen. Nach etwa der Hälfte der Zeit die Kalbsbrust umdrehen und den Koriander, die Pimentkörner und die Wacholderbeeren zugeben. Die Brust ist fertig, wenn man mit der Fleischgabel an den Rändern in das „dicke" Fleisch sticht und nur noch kleinsten Widerstand verspürt. Für die Sauce den Schmorfond durch ein Sieb passieren und etwa um die Hälfte einkochen lassen. Mit Salz und Pfeffer abschmecken und mit etwas Butter aufmontieren.

3. Für den Salat die Kartoffeln schälen, kochen und in Scheiben schneiden. Die Zwiebeln und Schalotten klein schneiden und in Butter glasig anschwitzen. Den Senf, den Knoblauch und die Brühe hinzugeben, um die Hälfte einkochen, abschmecken. Den Essig und das Öl zugeben. Das Ganze warm über die ebenfalls erwärmten Kartoffeln geben und mindestens 24 Stunden ziehen lassen. Vor dem Servieren fein gehobelte Radieschenscheiben darübergeben.

4. Die fertige Kalbsbrust am Tisch tranchieren und jedem Gast jeweils eine Scheiben servieren. Auf dem Teller mit dem aufmontierten Fond umgießen und den Kartoffel-Radieschen-Salat dazureichen.

Für 4 Personen

Kalbsbrust mit Füllung
1 mittlere Kalbsbrust mit Tasche
(beim Metzger vorbestellen)
160 g Weißbrot vom Vortag
250 ml lauwarme Milch
4 Eier
2 Rühreier mit 1 EL Milch
25 g rohe Zwiebeln
25 g gegarte Schalotten
30 g Butter
je ein kleines Bund Liebstöckel und
glatte Petersilie

Fond
40 g Butterschmalz
1 große Zwiebel
2 mittelgroße Karotten
½ Knollensellerie
750 ml Weißwein
500 ml dunkles Bier
3 l Kalbsfond
1 EL Tomatenmark
Rosmarin, Thymian
1 Knoblauchzehe
4 Lorbeerblätter
1 TL geröstete und zerstoßene
Koriandersaat
½ TL zerstoßene Pimentkörner
½ TL zerdrückte Wacholderbeeren
Salz, weißer Pfeffer aus der Mühle,
frisch geriebene Muskatnuss

Kartoffel-Radieschen-Salat
muss einen Tag ziehen
500 g fest kochende Kartoffeln
2 Zwiebeln, klein geschnitten
2 Schalotten, klein geschnitten
2 EL scharfer Senf
2 Knoblauchzehen, klein geschnitten
500 ml kräftige Gemüse- oder
Rinderkraftbrühe
250 ml Essig
250 ml Öl
Salz, Pfeffer
1 Bund frische Radieschen

Gemüse-Variationen

Kartoffelgulasch mit Weißwurstradl
Geschmorte Rote Rüben
Gebackener Lauch auf Schnittlauchschmand
Hausgemachte Wildpflanzerl im Filo-Teig

Kartoffelgulasch mit Weißwurstradl

wie es meine Frau macht

Für 4 Personen

8 mittelgroße, fest kochende
Kartoffeln
4 Zwiebeln
1 Stange Lauch
2 Karotten
2 Knoblauchzehen, klein geschnitten
1 l kräftiger Geflügelfond
½ EL Tomatenmark
½ TL Paprikapulver
½ TL wilder Kümmel, fein gehackt
Liebstöckel, fein geschnitten
etwas Mondamin zum Abbinden
Abrieb einer Zitrone
Sauerrahm

8 Weißwürste

1. Die Kartoffeln, die Zwiebeln, den Lauch und die Karotten in Würfel schneiden. Die Kartoffeln und die Zwiebeln in Butter anschwenken. Etwas würzen. Das Tomatenmark und das Paprikapulver einrühren und mit dem Geflügelfond aufgießen, bis die Kartoffeln leicht bedeckt sind. Nun die Karotten zufügen. Alles zusammen ca. 10–15 Minuten leicht kochen lassen. Kurz vor Ende der Garzeit den Lauch hinzugeben. Nach Geschmack mit etwas Speisestärke binden. Vor dem Servieren das Gulasch mit den restlichen Zutaten, d.h. Kümmel, Liebstöckel, Knoblauch, Zitronenabrieb und Sauerrahm abschmecken.

2. Meine Frau macht dazu immer gebratene Weißwurstradl. Dazu von einer frischen Weißwurst die Haut entfernen, in 1,5 cm dicke Scheiben schneiden und nach Wiener Art panieren. In Butterschmalz ausbacken.

Geschmorte Rote Rüben

mit Kartoffelmousseline im Kartoffel-Meerrettichfond

1. Die Roten Rüben waschen und mit den anderen Zutaten luftdicht in Alufolie einpacken. Die Roten Rüben bei 160 °C ca. 45 Minuten garen. Die abgekühlten Rüben mit einem Ausstecher von 5 cm Durchmesser ausstechen, dann in der Mitte mit einem Ausstecher von 3 cm Durchmesser ein Loch für das Kartoffelpüree ausstechen.

2. Für das Püree die Kartoffeln waschen und mit kaltem, leicht gesalzenem Wasser zum Kochen bringen. Die fertig gegarten Kartoffeln abgießen und gut ausdampfen lassen. Anschließend die Kartoffeln pellen und durch eine Kartoffelpresse drücken, durch ein Sieb streichen und mit Butter und Milch nach Geschmack zu einem geschmeidigen Püree glatt rühren. Abschmecken! Dieses Püree wird dann später in die ausgestochenen Roten Rüben gefüllt.

3. Für den Fond das Gemüse klein schneiden und in Olivenöl anschwitzen. Mit dem Weißwein und den Fonds ablöschen und um drei Viertel einkochen lassen. Mit Salz, Pfeffer und dem Meerrettich aus dem Glas abschmecken, anschließend durch ein feines Sieb passieren. Vor dem Anrichten die Soße mit kalter Butter aufmontieren.

4. Den Fond nach Wunsch mit kleinen Kartoffelwürfeln ergänzen und auf einem Teller anrichten. Die gefüllte Rote Rübe darauf setzen. Als Garnitur serviere ich noch in feine Streifen geschnittene, frittierte Kartoffeln. Zum Schluss frischen Meerrettich über das Gericht reiben.

Für 4 Personen

Rote Rüben
4 mittelgroße Rote Rüben
2 Thymianzweige
30 g Butter
Vanillesatz (wenn vorhanden)
1 TL Kümmel
weißer Pfeffer aus der Mühle
etwas Zucker
½ Knoblauchzehe

Kartoffelpüree
500 g mehlig kochende Kartoffeln
(z.B. Grandifolia)
50 g Butter
125 ml Milch
Salz, Pfeffer, Muskatnuss

Fond
2 mehlige Kartoffeln
1 Weißes vom Lauch
5 Champignons
2 Zwiebeln
etwas Olivenöl
500 ml Fischfond
500 ml Kalbsfond
500 ml Gemüsefond
500 ml Weißwein
2 EL Meerrettich aus dem Glas
frisch geriebener Meerrettich
Salz, Pfeffer
etwas kalte Butter

Kartoffelwürfel
Kartoffelstroh

Gebackener Lauch auf Schnittlauchschmand

mit Tomaten

Für 4 Personen

Gebackener Lauch
14–24 Stangen Zwiebellauch
Mehl
2 verquirlte Eier
Mie de Pain
Butterschmalz

Schnittlauch-Schmand
200 g Schmand oder Sauerrahm
Abrieb und Saft einer Zitrone
Salz, Pfeffer
1 Bund Schnittlauch

Tomaten
10 Tomaten
etwas Puderzucker
3 Schalotten
1 TL Tomatenmark
Salz, Pfeffer
Abrieb einer Zitrone
weißer Balsamico-Essig

1 mittelgroße Kartoffel

1. Den Lauch in Salzwasser blanchieren; er sollte gut bissfest sein. Nach dem Abkochen in Eiswasser abschrecken und abtropfen lassen. Nach Wiener Art panieren, in Butterschmalz ausbacken und gut würzen! Wer möchte, kann auch die Hälfte des Lauchs lauwarm mariniert dazugeben.

2. Den Schmand mit der Zitrone verrühren, abschmecken und zum Schluss den klein geschnittenen Schnittlauch einrühren.

3. Die Tomaten schälen, vierteln und entkernen. In einem Topf etwas Puderzucker karamellisieren, die klein geschnittenen Schalotten dazugeben. Nun das Tomatenmark gut mit den Schalotten verrühren, die klein geschnittenen Tomaten dazugeben. Das Ganze bei kleiner Hitze einkochen, bis es eine marmeladenartige Konsistenz hat. Mit Salz, Pfeffer, Zitronenschale und Balsamico-Essig abschmecken.

4. Die Kartoffel mit Schale auf einer Aufschnittmaschine in hauchdünne Scheiben schneiden und im Fettbad knusprig ausbacken. Den gebackenen Lauch auf einem Teller anrichten. Mit dem Schmand und der Tomatenmarmelade garnieren und mit den Kartoffelchips dekorieren.

Hausgemachte
Wildpflanzerl im Filo-Teig

auf Rosenkohlsalat mit Walnüssen

1. Für das Wildpflanzerl alle Zutaten, bis auf das Eigelb, klein schneiden, miteinander 2–3 Tage zugedeckt im Kühlschrank marinieren lassen. Durch die feine Scheibe eines Wolfes drehen. Mit Eigelb vermengen, danach abschmecken und die Petersilie hinzugeben. Kleine längliche Vierecke formen und in Filo-Teig einpacken. Im Pflanzenöl von beiden Seiten gold-gelb ausbacken.

2. Für den Rosenkohlsalat die Blätter vom Rosenkohl entfernen und im Salzwasser blanchieren. Aus den Zutaten eine Marinade herstellen und damit den Rosenkohl marinieren. Nach Geschmack noch etwas Preiselbeeren dazureichen.

3. Für die geschmorten Maronen aus Butter und Zucker ein Karamell kochen, die Maronen darin anschwitzen und mit dem Madeira ablöschen, die Kalbsjus zugeben und einkochen lassen, bis die Jus schön eindickt. Je zwei gebackene Pflanzerl auf einem Teller mit dem marinierten Rosenkohl und den Maronen anrichten. Dazu Preiselbeeren nach Geschmack dekorieren.

Für 4 Personen

Wildpflanzerl
200 g Rehfleisch oder Ähnliches
100 g grüner Speck
100 g Wammerl
Thymian
1 Orangenschale
1 Zitronenschale
2 Wacholderbeeren
2 Knoblauchzehen
1 Eigelb
Salz, Pfeffer
Petersilie
1 Packung Filoteig

400 g Rosenkohl

Marinade
80 g geröstete Walnüsse
2 EL Walnussöl
1 EL Balsamico-Essig
Salz, Pfeffer, Zucker
etwas Zitronensaft

Geschmorte Maronen
50 g brauner Zucker
100 g Butter
250 g Maronen
100 ml Madeira
100 ml Kalbsjus

Desserts

Dampfnudeln, wie sie meine Mutter macht

1. Für die Dampfnudeln die Hefe in der lauwarmen Milch auflösen. Prise Salz, Zucker und das Mark der Vanillestange dazugeben. Nun die flüssige Butter und das Mehl nach und nach unterheben und einmal gehen lassen. Den Teig in Tennisball große Kugeln formen und nochmals gehen lassen. In einem entsprechend großen Topf Wasser zum Kochen bringen. Über den Topf ein weißes Tuch binden. Die Dampfnudeln darauflegen und mit einem gleichgroßen Topf überdecken. Die Dampfnudeln etwa 15–20 Minuten über dem Wasserdampf garen. Am liebsten esse ich dazu ein Blaubeerragout sowie eine Mohnbutter.

2. Die Butter zerlaufen lassen und mit dem Mohn, dem Zucker und dem ausgelösten Mark der Vanilleschote verrühren. Die Mohnbutter noch warm auf die Dampfnudel geben.

Für 4 Personen

Dampfnudeln
500 g Mehl
1 Würfel Hefe
30 g Butter
60 g Zucker
1 Prise Salz
1 Vanillestange
ca. 250 ml lauwarme Milch

Mohnbutter
2 EL Butter
1 EL gemahlener Mohn
1 EL Puderzucker
1 Vanilleschote

Tipp

Nach Geschmack passt hierzu jedes selbst eingemachte Fruchtkompott, Vanillesauce oder Vanilleeis.

Karamellisierte Strudeltulpe

mit marinierten Beeren

Für 4 Personen

Karamellisierte Strudeltulpe
1 Packung Strudelteig
200 g gemischte Beeren
Puderzucker
1 EL Himbeermark
etwas Grand Marnier

Sabayon
4 Eigelb
2 EL Puderzucker
1 EL Himbeermark
150 ml Weißwein
etwas Grand Marnier

1. Aus dem Strudelteig Kreise von 20 cm Durchmesser ausstechen. Einen Champagner- oder Sektkorken mit einem Schaschlikspieß mittig durchstechen, so dass der Spieß aber nur auf einer Seite heraussteht. In einem Fettbad einen Strudelkreis auf das Fett geben. Nun mit dem Korken das Strudelblatt in der Mitte leicht nach unten drücken, so dass es wie ein kleines Körbchen bzw. Tulpe aussieht. Nach etwa 1 Minute ist es knusprig. Sofort herausnehmen und auf einem Tuch abtropfen lassen.

2. Die Beeren (Himbeeren, Erdbeeren, Blaubeeren usw.) mit dem Puderzucker, dem Himbeermark sowie Grand Marnier marinieren. Für die Sabayon alle Zutaten miteinander verrühren und im warmen Wasserbad schaumig aufschlagen.

3. Die marinierten Beeren in die Tulpe füllen. Den Sabayon darübergeben, mit Puderzucker gut bestäuben und im 220 °C heißen Ofen 1 Minute karamellisieren. Danach sofort servieren.

Geeister Kaiserschmarrn

1. Für den Kaiserschmarrn das Eigelb mit Zucker und Rum über einem Dampfbad schaumig aufschlagen, bis die Masse dick und cremig ist. Das Mark von 2 Vanilleschoten dazugeben und die in Wasser eingeweichte Blattgelatine unter die Masse rühren. Die Masse anschließend abkühlen lassen, bis sie anfängt zu stocken, in der Zwischenzeit die Sahne mit dem Zucker auf-, aber nicht steif schlagen! Wenn die Masse eine Temperatur von 30 °C erreicht hat, die Sahne unterheben. Ein Blech von etwa 20 cm x 30 cm Größe mit Backpapier auslegen und dieses mit geschmolzener Vollmilchschokolade bestreichen. Die Masse daraufgeben (sie sollte weder zu fest sein, noch zerfließen!), die Rumrosinen darüberstreuen und in den Froster stellen.

2. Für das Beerenkompott die Beeren waschen, putzen und leicht zuckern. Den geeisten Kaiserschmarrn kurz vor dem Servieren aus dem Froster nehmen und in Portionen schneiden. Sobald die Masse angetaut ist, nicht wieder einfrieren! Die Portionen auf Tellern anrichten, mit dem Beerenobst und nach Geschmack mit etwas Minze garnieren.

Für 4 Personen

140 g Eigelb
100 g Zucker
50 g Rum
2 Vanilleschoten
6 Blatt Gelatine
600 g Sahne
100 g Zucker
100 g Vollmilchschokolade
100 g Rumrosinen

400 g Beeren nach Saison
Minze

Gebackene Brandteig-
krapfen mit Ziegenkäse

und Tomaten

Für 4 Personen

Brandteig
100 g Wasser
100 g Milch
40 g Butter
100 g Mehl
2 Eier
2 Eigelb
eine Prise Salz
doppelgriffiges Mehl
(Wiener Grießler) nach Bedarf

Füllung
2 Zwiebeln
Olivenöl
2 EL getrocknete,
eingeweichte Tomaten
4 EL Ziegenfrischkäse, ersatzweise
auch normaler Frischkäse
frische Kräuter wie Estragon,
Kerbel, Petersilie, Schnittlauch
Salz und Pfeffer
1 Eigelb
2 EL gehackte Pinienkerne

Preiselbeervinaigrette
2 EL Preiselbeeren, kalt gerührt
2 EL Weißweinessig
2 EL Sonnenblumenöl
Salz und Pfeffer

2 kleine Kopfsalatherzen

1. Für den Brandteigkrapfen Wasser mit Milch und Butter mit etwas Salz aufkochen, das Mehl einrühren und in einem Topf abbrennen, bis sich die Masse vom Topf ablöst. Nun die Eier nach und nach mit einem Rührgerät einrühren. Dann so viel Mehl nach und nach zugeben, bis es einen kompakten Teig ergibt, der sich ausrollen lässt. Den Teig 0,5 cm dünn ausrollen und in 5 cm Durchmesser große Kreise ausstechen. Jeweils etwas von der Füllung in die Mitte geben und zusammenklappen, mit der Gabel an den Enden zusammendrücken. In Butterschmalz von beiden Seiten anbraten und sofort servieren.

2. Für die Füllung Zwiebeln klein schneiden und in etwas Olivenöl farblos anschwitzen. Die Tomaten dazugeben und erkalten lassen. Dann den Käse, die Kräuter und das Ei dazu und verrühren. Zum Schluss die Pinienkerne untermengen.

3. Für die Preiselbeervinaigrette alle Zutaten miteinander verrühren. Die Kopfsalatherzen putzen und mit der Preiselbeervinaigrette beträufeln. Dazu die frisch gebackenen Brandteigkrapfen anrichten.

Grundrezepte

Grundrezepte

Champagnersauce

Die Schalotten fein würfeln und mit den Champignons in Butter glasig schwitzen. Die Tomate häuten und entkernen, zu den Schalotten geben und die Estragonstängel beifügen. Mit Noilly Prat ablöschen, mit dem Fischfond und dem Weißwein auffüllen und um die Hälfte einkochen lassen. Dann mit der Sahne auffüllen und nochmals um die Hälfte einkochen lassen, mit Salz und Pfeffer und Zitrone abschmecken und mit kalter Butter aufmontieren. Zum Schluss den Champagner hineingeben und servieren.

3 Schalotten
etwas Butter
1 große Tomate
5–6 Champignons
4–5 Estragonstängel
100 ml Noilly Prat
500 ml Fischsud
200 ml Weißwein
500 ml Sahne
Saft von einer Zitrone
100 ml Champagner
Salz, Pfeffer aus der Mühle

Essig-Kirschsauce

Die Kirschen auftauen lassen, den Saft aufheben. In einem Topf Zucker karamellisieren, die Kirschen hinzugeben und mit Kirschschnaps flambieren. Mit Kirschsaft und Essig ablöschen, einkochen und mit Wildjus auffüllen. Etwas einkochen lassen und mit Butter aufmontieren.

300 g Tiefkühl-Kirschen
60 g Zucker
10 ml Kirschwasser
2 EL Essig
500 ml Wildjus
30 g Butter

Kalbsjus

Die Kalbsknochen in Öl anrösten, das Gemüse hinzugeben und später das Tomatenmark beigeben und jeweils kurz weiterrösten. Dann mit dem Rotwein und dem Madeira ablöschen und einkochen, bis die Flüssigkeit fast einreduziert ist. Die Gewürze zugeben, mit Wasser auffüllen und ca. 4 Stunden langsam köcheln lassen. Durch ein Tuch passieren, einkochen und mit kalter Butter aufmontieren. Eventuell mit Speisestärke etwas abbinden.

2 kg fein gehackte Kalbsknochen
300 g Zwiebeln
200 g Stangensellerie
50 g Möhren
etwas Öl
ca. 2 EL Tomatenmark
750 ml Rotwein
250 ml Madeira
5 Nelken
3 Knoblauchzehen
3 Lorbeerblätter
1 Rosmarinzweig
1 Thymianzweig
Wasser zum Auffüllen

Grundrezepte

Krustentierfond

In einem Topf die Karkassen anrösten, das Gemüse, die Schalotten, den Knoblauch und danach das Tomatenmark hinzugeben und jeweils kurz weiterrösten, mit Cognac und Portwein ablöschen und flambieren. Dann den Weißwein sowie die Tomaten zufügen und einkochen lassen. Die Gewürze in den Fond geben und mit Wasser oder Brühe auffüllen. Dann ca. 45 Minuten köcheln lassen, durch ein feines Sieb passieren und mit Tomatenmark, Salz und Pfeffer abschmecken.

1 kg Krebs- oder Hummerkarkassen
400 g Möhren
200 g Staudensellerie
100 g Weißes vom Lauch
8 Schalotten
2 angedrückte Knoblauchzehen
1 EL Tomatenmark
200 ml Cognac
200 ml roter Portwein
750 ml Weißwein
4 Tomaten aus der Dose
2 Lorbeerblätter
2 Nelken
1 TL Wacholderbeeren
2 Estragonzweige
2 Thymianzweige
2 TL Tomatenmark
Salz, Pfeffer aus der Mühle
Wasser oder Gemüsefond

Schalottenconfit

Die Schalotten in feine Scheiben oder Würfel schneiden und in Butter farblos anschwitzen lassen. Mit Zucker bestreuen und etwas karamellisieren lassen. Dann den Rotweinessig zum Ablöschen sowie 1 Flasche Rotwein hineingeben, einkochen lassen, bis der Wein fast vollständig eingekocht ist. Nun mit dem Kalbsjus auffüllen und auf die gewünschte Konsistenz einkochen lassen. Nach Geschmack frisch gerädelten Thymian dazugeben, mit Butter aufmontieren, fertig.

20 Schalotten
100 g Butter
50 g Zucker
200 ml Rotweinessig
750 ml Rotwein
500 ml Kalbsjus
1 Thymianzweig
50 g Butter

Tipp

Zur Herstellung einer Hummercremesuppe den Fond einfach um die Hälfte einkochen, mit Sahne auffüllen und danach abpassieren. Wer mag, kann die Sauce mit frischem Estragon verfeinern.

Grundrezepte

Wildjus

2 kg klein gehackte Wildknochen
750 ml Rotwein
1 Bund Mirepoix (Suppengemüse)
10 Wacholderbeeren
4 Lorbeerblätter
10 Pimentkörner
10 Nelken
10 Pfefferkörner
4 Knoblauchzehen
2 EL Tomatenmark
380 ml roter Portwein
200 ml Cognac
1 Thymianzweig
1 Rosmarinzweig
2 EL Preiselbeermarmelade
1 l Gemüsefond oder Wasser

Die Knochen klein gehackt in ein Gefäß geben, das klein geschnittene Gemüse sowie die Gewürze hinzugeben. Mit Rotwein bedecken und einen Tag marinieren. Die Knochen abgießen und in Öl anrösten. Die Marinadeflüssigkeit in der Zwischenzeit aufkochen und abpassieren. Die Knochen mit dem Tomatenmark verrühren und mit dem Cognac und dem Portwein flambieren. Mit der Marinade aufgießen, den Thymian und den Rosmarin zugeben und um die Hälfte einkochen. Dann die Preiselbeeren zugeben und mit Gemüsefond oder Wasser aufgießen. Etwa 1–1½ Stunden leicht köcheln lassen und durch ein Tuch passieren.

Wildsauce

1 EL Butter
4 Schalotten
4 Champignons
1 Knoblauchzehe
Schale von je 1 unbehandelten Zitrone und Orange
4 zerdrückte Wacholderbeeren
2 Pimentkörner
1 Zimtstange
2 Nelken
10 weiße Pfefferkörner
750 ml Rotwein
750 ml roten Portwein
1 l Wildfond
Salz, weißer Pfeffer aus der Mühle
30 g Butter
Preiselbeerkonfitüre
Speisestärke

Alle Zutaten bis auf die Flüssigkeiten mit der Butter anschwitzen. Mit Rot- und Portwein ablöschen und um ca. drei Viertel einkochen lassen. Den Wildfond aufgießen und auf ein Viertel einkochen lassen. Zum Schluss mit Preiselbeerkonfitüre, Salz und Pfeffer abschmecken, passieren und bei Bedarf leicht mit Speisestärke abbinden.

Tipp

Für eine Gänselebersauce wird die Wildsauce mit marinierter und anschließend passierter Gänseleber aufgemixt.

REGISTER

REGISTER

Impressum

Michael Fell
2008 © Bibliothek der Köche für die Süddeutsche Zeitung Edition,
Süddeutsche Zeitung GmbH, München

Fotografie: Julia Rotter, Bernd Grundmann
Texte: Ingo Swoboda
Rezepte: Michael Fell
Art Director: Eberhard Wolf
Grafik: Julia Wolf, Dennis Schmidt
Projektmanagement: Gabriella Hoffmann, Katinka Holupirek
Projektleitung: Dirk Rumberg

Litho: JournalMedia GmbH, München
Herstellung: Hermann Weixler, Luitgard Ludwig
Druck und Bindung: Holzhausen Druck & Medien GmbH, Wien

Printed in Austria
ISBN: 978-3-86615-565-7

Bibliothek der Köche

Einfach kochen wie die Besten

Sterneköche für zu Hause

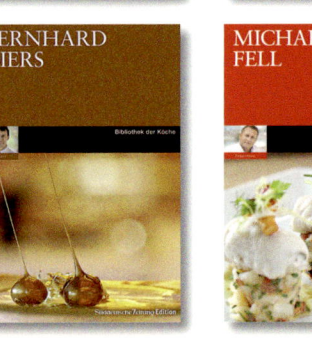

Alle 20 Bände der **Bibliothek der Köche** auf einen Blick:

DIETER MÜLLER & NILS HENKEL
Bergisches Land, ISBN: 978-3-86615-551-0

JOHANNES KING
Sylt, ISBN: 978-3-86615-552-7

HARALD RÜSSEL
Mosel, ISBN: 978-3-86615-553-4

MARTIN FAUSTER
München, ISBN: 978-3-86615-554-1

MARTIN GÖSCHEL
Frankfurt, ISBN: 978-3-86615-555-8

ALI GÜNGÖRMÜS
Hamburg, ISBN: 978-3-86615-556-5

THOMAS KELLERMANN
Berlin, ISBN: 978-3-86615-557-2

JÖRG GLAUBEN
Pfalz, ISBN: 978-3-86615-558-9

ERIC MENCHON
Köln, ISBN: 978-3-86615-559-6

ALEXANDER HERRMANN
Oberfranken, ISBN: 978-3-86615-560-2

FRANK BUCHHOLZ
Rhein-Main, ISBN: 978-3-86615-561-9

TILLMANN HAHN
Mecklenburger Bucht, ISBN: 978-3-86615-562-6

PETER MARIA SCHNURR
Sachsen, ISBN: 978-3-86615-563-3

BERNHARD DIERS
Stuttgart, ISBN: 978-3-86615-564-0

MICHAEL FELL
Oberbayern, ISBN: 978-3-86615-565-7

THOMAS BÜHNER
Osnabrücker Land, ISBN: 978-3-86615-566-4

ANDREE KÖTHE & YVES OLLECH
Mittelfranken, ISBN: 978-3-86615-567-1

KARL-EMIL KUNTZ
Mittlerer Oberrhein, ISBN: 978-3-86615-568-8

ACHIM SCHWEKENDIEK
Weserbergland, ISBN: 978-3-86615-569-5

JOHANN LAFER
Hunsrück, ISBN: 978-3-86615-570-1

Jeder Einzelband der Bibliothek der Köche ist erhältlich **für 14,95 Euro**, die komplette Bibliothek der Köche für **nur 11,– Euro pro Band** (220,– Euro statt 299,– Euro bei Abnahme aller 20 Bände)

im Internet unter **www.sz-shop.de**
oder per Telefon unter **01805–262167** (0,14 Euro/Min. aus dem dt. Festnetz, abweichender Mobilfunktarif möglich.)

*Bei Bestellung der Gesamtedition 220,– € für alle 20 Bände, das sind nur 11,– € pro Buch; bei Kauf von Einzelbänden je 14,95 €. Sie sparen 79,– € gegenüber dem Kauf von Einzelbänden.

Ihre Vorteile:

1. **Sie sparen 79,– €** gegenüber dem Einzelkauf und zahlen nur 11,– €* pro Band.
2. **Einfache Lieferung** – Sie erhalten automatisch alle vier Wochen zwei neue Bände bequem zu sich nach Hause. Ab August 2008 erhalten Sie alle Bände in einer Lieferung.
3. **Keine Versandkosten** – alle Lieferungen sind garantiert versandkostenfrei.
4. **Kein Risiko** – Sie können Ihre Bestellung jederzeit ohne Angabe von Gründen beenden. Einfache Rücksendung der Ware oder Mitteilung an den Verlag genügt.